一応、笑顔の出発

カル手前までは順調だっ
の駅前
路上で降ろされた。後
いと足がすくむ急斜面
家荘）

上：石家荘で見た懐かしい中国。こういう家がいつまで残るんだろう
右上：片側２車線が気が遠くなるほどつづく中国の高速道（長沙～広州）
右下：バスが故障。アジアのバス感覚が戻ってくる（長沙～広州）

広州のバスターミナル。漢字探しクイズみたいなもんですな

憑祥は中越国境から15キロの都市。東南アジアの匂いがする

中越国境。中国側イミグレの外でも高速用トンネルの工事中

午後になるとお互い疲れが出るよな（ハノイ）

ベトナム人の視線は低いが、腰は低くない（ハノイ）

根性と俊敏さがなくては、バイクの海は渡れない（ハノイ）

この山並みをアジアハイウェイは越えていく。ラオスの道だ

コンケンからピッサヌロークの間の積乱雲。南にきた（タイ）

世界遺産、スコータイの遺跡は車窓から眺めただけだった（タイ）

メーソトにはモスクも多い。イスラム原理主義者も多い（タイ）

ミャーワディの寺で親子が昼寝。これだからアジアから抜けられない

阿部カメラマンはこういう写真も撮っていた。バンコクだもんな

1 韓国のうどんとキンパブ（海苔巻き） 2 丹東・北朝鮮レストランの平壌冷麺 3 武漢・油条（中国揚げパン）と粥 4 湛江までのバスで出た弁当 5 ハノイの屋台でフォー（ベトナムうどん） 6 タイの焼き肉。89バーツ食べ放題 7 コンケン。バスターミナルの果物とソーセージ 8 ビルマの名物麺、モヒンガ

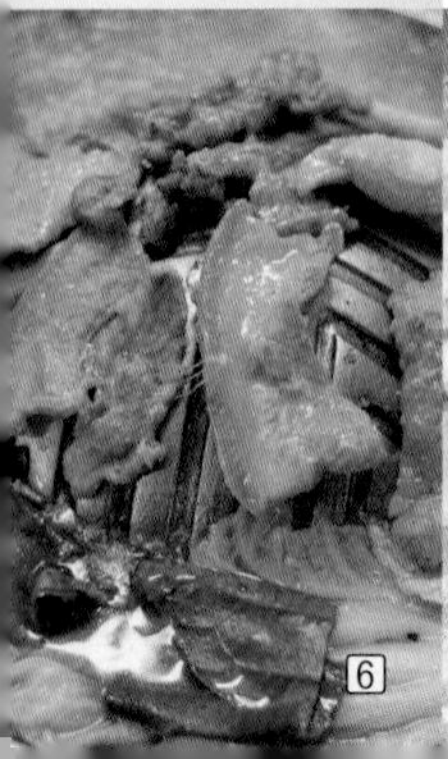

インドのシロング。ホームレスと一緒に焚き火。旅は再びはじまった

「バングラデシュって水と土と人で埋まってるんですよね」。阿部氏の名言

貧しい国の高級バス。バングラデシュの矛盾を背負っている

午前１時のドライブイン。この熱気、信じられます？（パトナー手前）

路線バスの運転席。音はうるさいがギアはシンプル（カンプール〜デリー）

たまねぎ型屋根とボリウッド映画

一見、きれいな並木道だが、音と砂ぼこりがすごい（カンプール〜デリー）

デリーのマクドナルド前。金もちの若者たちをぼんやり見ていた

なにをやっても絵になるシーク教徒（アムリッツァル）

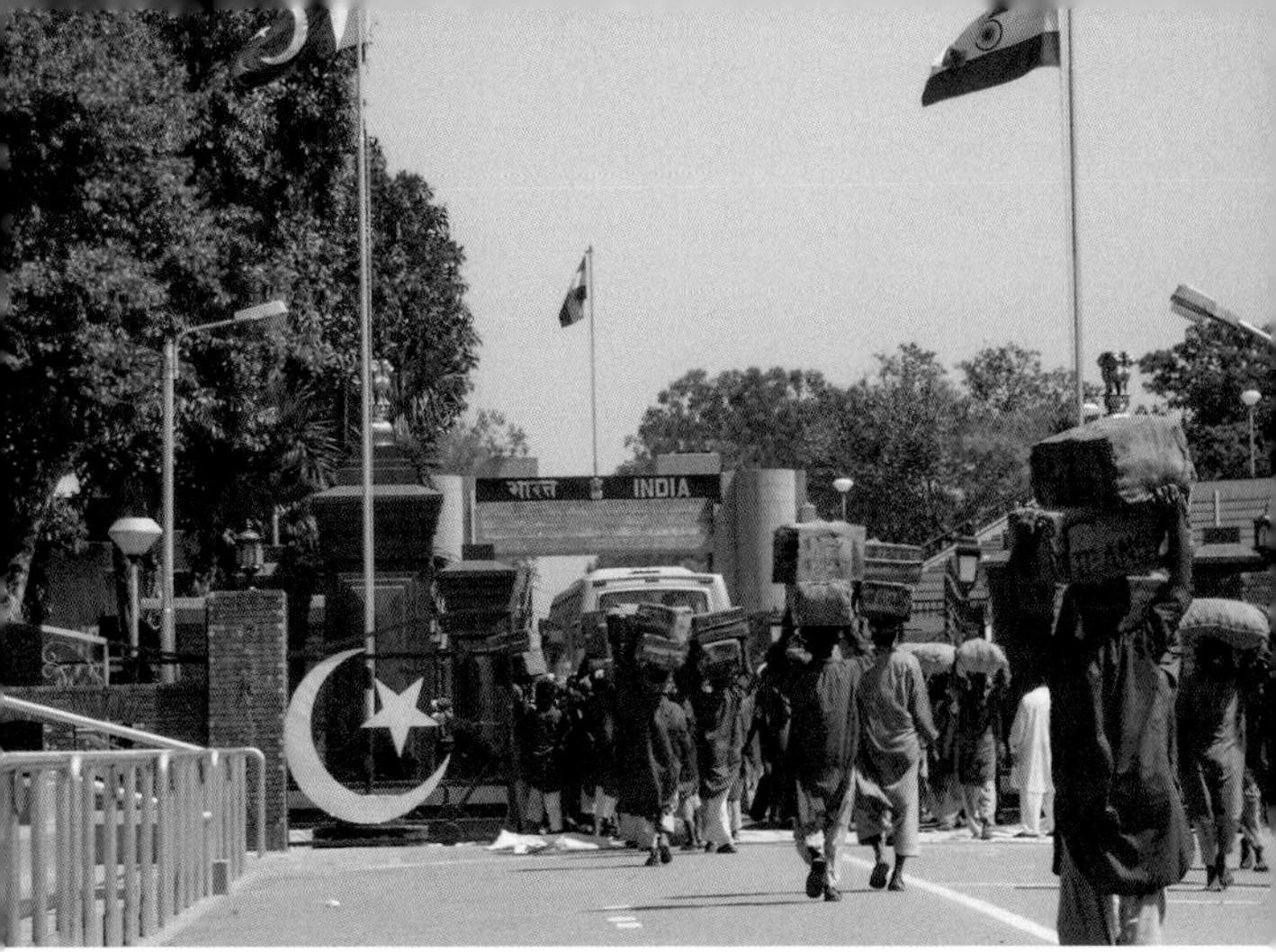

印パ国境。青や緑の上着がインドポーター、赤系がパキスタンポーター

パキスタン名物、デコトラ。このエネルギーをほかに使ってほしいものだ

クエッタのチャイハネのパシュトゥン人。ここに寝泊まりしていた

イランに入るとバスも道路も立派になる（ザヘダン～テヘラン）

イスタンブール近郊に林立する高層マンション

左上：トルコリラ高に悩むイスタンブールのブルーモスク
左下：アジアハイウェイが終わった。終点カピクレ
下：トルコの若者たち。もうヨーロッパだな（エディルネ）

①バングラデシュの朝食　②インドで最初の豆カレー　③パトナーの屋台のカレー　④素焼きのコップでチャイを飲むのは、インドならではの贅沢　⑤パキスタン・ラホールでのご馳走　⑥クエッタの高級ホテル、朝食はこんな感じ　⑦イラン飯の定番シシカバブとピラウ　⑧トルコの居酒屋でメゼ（前菜）。うまい

5万4千円でアジア大横断

下 川 裕 治

朝日文庫

本書は二〇〇七年五月、新潮文庫より刊行された『5万4千円でアジア大横断』を加筆・修正したものです。肩書・年齢などは、新潮社版刊行当時のものです。

5万4千円でアジア大横断●目次

瀋陽
丹東
北京
北朝鮮
日本
石家荘
ソウル
中国
仁川
釜山
東京
大阪
韓国
博多
武漢
長沙
バングラデシュ
シロング
シレット
アガルタラ
憑祥
南寧
広州
ビルマ
（ミャンマー）
ダッカ
ラシソン
ハノイ
湛江
ルカタ
ビエンチャン
ピッサヌローク
ノンカーイ
ミャーワディ
ラオス
コンケン
メーソト
タイ
バンコク
ベトナム

地図／加賀美康彦

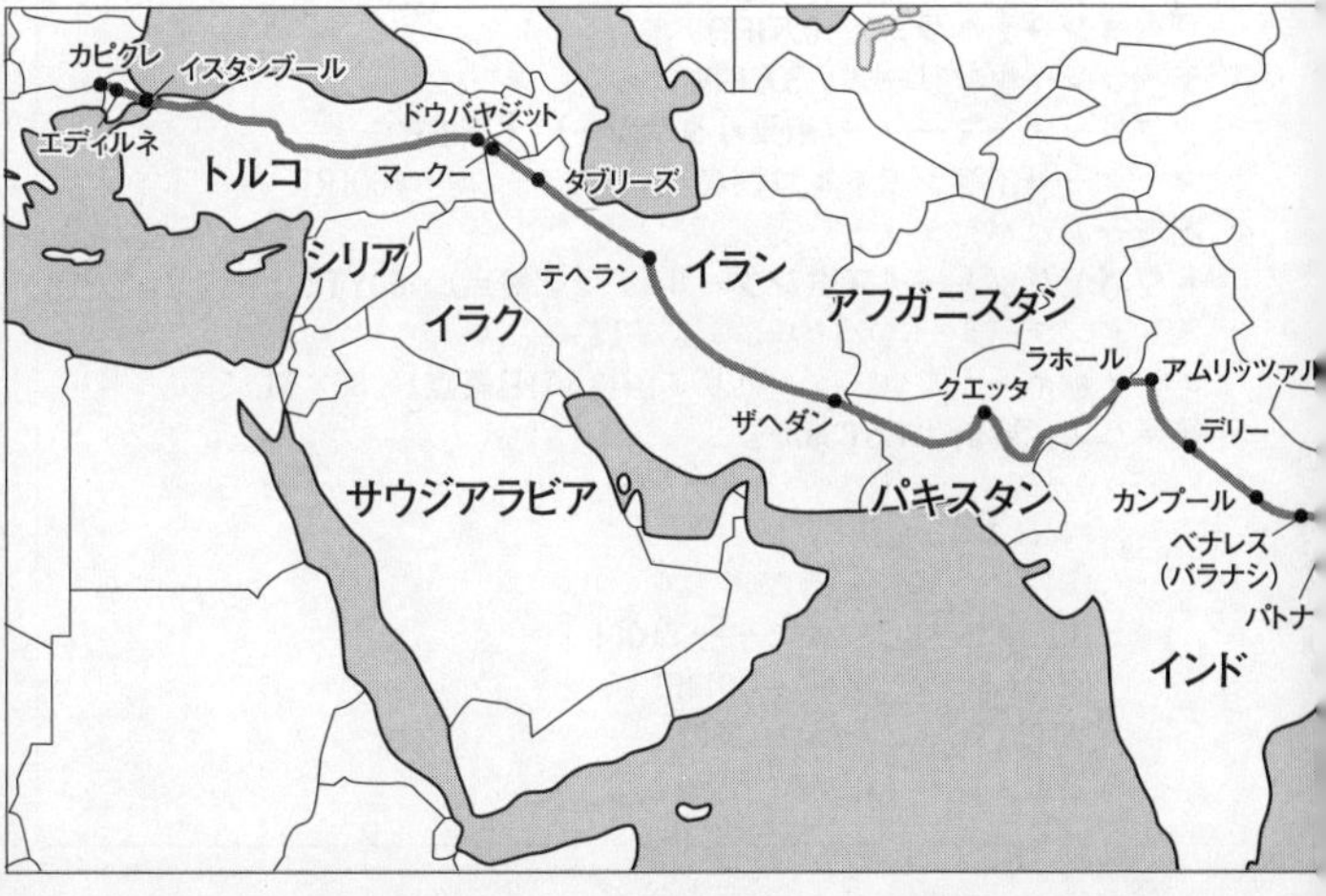
カピクレ
イスタンブール
エディルネ
トルコ
ドウバヤジット
マークー
タブリーズ
シリア
テヘラン
イラン
イラク
アフガニスタン
ラホール
アムリッツァル
クエッタ
ザヘダン
デリー
サウジアラビア
パキスタン
カンプール
ベナレス
(バラナシ)
パトナ
インド

【後半の交通費明細】

ダッカ→アカウラ　200TK
バングラデシュ·インド国境　50TK（バングラデシュ側）·17R（インド側）
アガルタラ→シロング　415R
シロング（後半・出発点）→バングラデシュ・インド国境　70R
インド・バングラデシュ国境→シレット　10TK
シレット→ダッカ　400TK
ダッカ→コルカタ　750TK
コルカタ→パトナー　200R
パトナー→ベナレス　3000R÷4＝750R
ベナレス→カンプール　172R
カンプール→デリー　228R
デリー→ジャランダー　380R
印パ国境周辺（タクシー）　78R
国境→ラホール　200PKR
ラホール→クエッタ　900PKR
クエッタ→パキスタン・イラン国境　350PKR
国境周辺（ピックアップトラック）　30PKR
国境→ザヘダン（タクシー）　3万IRR
ザヘダン→テヘラン　10万IRR
テヘラン→タブリーズ　5万IRR
タブリーズ→マークー（相乗りタクシー）　6万IRR
マークー→イラン・トルコ国境（小型トラック）　600IRR
国境→ドウバヤジット　5$
ドウバヤジット→イスタンブール（アジア終点）　60YTL
イスタンブール→エディルネ　15YTL
エディルネ→トルコ・ブルガリア国境（AH1終点）　30YTL
後半バス代総計：1万8593円

……………………………………………………………

1TK（タカ）＝2円
1R（インドルピー）＝2.9円
1PKR（パキスタンルピー）＝2.09円
1IRR（イランリアル）＝0.014円
1YTL（新トルコリラ）＝92円

【前半の交通費明細】

日本橋(AH1始点)→大阪　6000円
大阪→博多　4800円
市内(タクシー)　1230円
博多港→釜山港(フェリー)　1万3000円
中央洞→老圃洞(地下鉄)　1000W
釜山→仁川　3万1000W
仁川港→丹東港(フェリー)　11万7200W
丹東→瀋陽　65元
瀋陽→北京　150元
北京→石家荘　46元
石家荘→武漢　230元
武漢→長沙　136元
長沙→広州　160元
広州→湛江　155元
湛江→南寧　105元
南寧→憑祥　36元
憑祥→中越国境　7元
中越国境→ランソン　3$
ランソン→ビエンチャン郊外　35$
ビエンチャン郊外→ラオス・タイ国境(トゥクトゥク)　100B
ラオス・タイ国境→コンケン(バス)　101B
コンケン→ピッサヌローク　188B
ピッサヌローク→メーソト　147B
タイ・ミャンマー国境付近(トゥクトゥク)　20B
国境→ミャーワディ(前半・終点)　徒歩
メーソト→バンコク　460B
前半バス代総計：3万5498円

＊太字が中・長距離バスの運賃。総額は「5万4千円」。近距離の乗り物やフェリーなどは除いた。

1W(ウオン)=0.119円
1元=14.85円
1$(ドル)=115円
1B(バーツ)=2.69円

5万4千円でアジア大横断

はじめに

本書は二〇〇七年に新潮文庫から刊行された『5万4千円でアジア大横断』が元本である。今回、改めて朝日文庫から刊行されることになった。

二〇〇五年から二〇〇六年にかけて、東京からトルコのイスタンブールまでひたすら長距離バスに揺られた旅行記だ。途中、バスに乗ることができない日本と韓国の間の対馬《つしま》海峡、韓国と中国の間の黄海は船で渡り、ビルマ（ミャンマー）は飛行機で越えたが、それ以外は、ただひたすらバスに揺られた。通過した国は、韓国、中国、ベトナム、ラオス、タイ、バングラデシュ、インド、パキスタン、イラン、トルコの十カ国。少しだがビルマにも入国している。その距離は一万七千二十キロにもなった。

アジアハイウェイを走るというテーマはあった。しかし途中、一回、帰国したものの、後は一気に長距離バスに乗るという旅は、子どもに向かって、「真似をするもんじゃありません」という言葉を大人にも伝えたくなるような旅だった。

その理由は、長距離バスというものへの不安だった。飛行機や列車に比べれば、長距離バスの情報は圧倒的に少なかった。当時に比べれば、いまはネット情報も豊富になってきているが、長距離バスの路線や時刻表となると、ほかの交通機関のようにはいかない。ホームページがみつかっても、現地の文字になってしまうことも多い。このバス旅の頃は、さらに頼りなかった。はたしてこのルートをバスで走り切ることができるのか……という不安にいつも苛まれていた。だから、「目の前に先に進むバスがあればまず乗る」という方策に傾いていってしまう。

その結果が、二日、三日と夜行バスに揺られる過酷な旅に行き着いてしまったのだ。

金をかけないスタイルが、僕の旅の基調である。夜行バスに出合うと、「おッ、これで宿代が浮く」と考えてしまうタイプである。そういう貧しい旅の性癖が拍車をかけてしまったが、やはり限度というものがある。

「つらい旅の極意を教えてください」と、しばしば人に訊《き》かれる。答えに困り、「柳のように旅をすることです」と口にすることが多い。「揺られてもいいから、折れてはいけない」という意味だ。

しかしこの旅は、正直なところ、折れそうになった。「心が折れそう」という表現をときどき目にするが、それとは違う。体力的に限界という意味合いでもない。「脳が折れそうになる」といったらいちばん近い。

いまでもインドのジャランダーの夜が蘇《よみがえ》ってくることがある。クラクションや騒音が渦巻くインドのバスに揺られていた。椅子はベンチスタイルで、リクライニングもクッションもない。そんなバスを乗り継いだ三日目の晩だった。その間、ほとんど寝ることができなかったのだ。注意力が散漫になり、つい直前まで考えていたことを忘れてしまう。あの夜、僕の脳は限界に近かった。やっとベッドで寝ることができたが、その夜、一生分ではないかと思うほどの夢を見た。

それはいまとなっても、怖さの記憶として残っている。眠ることができないバスに三日も乗ると、脳が壊れる……。

そこまでして旅をつづけるのか——。

そんなことをするつもりはさらさらなかった。チャレンジするという意識とも無縁である。アジアのバスに入り込んでいるうちに、そこまで追い込まれてしまったのだ。

本にまとまり、読んでいただいた方から、「面白い」と評価をもらったが、そのとき、読者の冷血さも感じとっていた。こんなバス旅をしてしまった僕の身にもなってほしいのだ。

しかし、当時に比べれば、アジアのバス事情もそれなりに改善されている。そのあたりのバス旅事情を、各章の最後にコラムとして書き加えている。

写真はカラー写真、本文写真ともに、日本、韓国、中国の広州までは僕、それ以降は阿部稔哉氏の撮影である。

二〇二一年三月

下川裕治

1章　日本

唐突に、地を這《は》うシャクトリムシのような顔が浮かんできた。

バスの虫――。

久しぶりに見る顔だった。

夜行バスの狭く、息苦しい車内に閉じ込められて数時間も経つと、必ずといっていいほど、この虫がニッと嗤《わら》いながら暗闇のなかに顔を見せるのだ。身動きひとつできないような車内では、満足に寝ることもできず、わずかなスペースのなかで、体を右に左に一センチ、二センチと動かし、少しでも腰への負担を軽くしようとする。しかしぎゅう詰めのバスのなかではその効果もほとんどなく、眠いのに眠ることができない濁った瞳で、暗い窓の外に目をやる。そこには目を楽しませてくれる風景ひとつなく、ただの暗闇だけが広がっている。そのなかにどこかとぼけた顔つきのバスの虫が見えるのだ。いつもこいつと一緒に旅をつづけてきた。頼りにもならず、ときに憎々しいその顔が、アジアの旅の道連れだった。

午前四時半——。バスはどこかのサービスエリアに停まっていた。つい、うとうとしてしまったらしい。靴を履き、寝入る乗客の顔を眺めながらバスを降りると、頭上に太い鉄骨が迫っていた。

橋桁《はしげた》？

この大きさからすると関門大橋のようだった。大阪を前夜の十時に出発して以来、何回目かの休憩だった。トイレのないバスは、二、三時間おきにサービスエリアに停車する。平日のため、道はそれほど混み合っていないようで、予定より早く関門海峡に到着したようだった。

腰を伸ばしながら少し歩くと、ちょっとした展望台のような広場があった。眼下には関門海峡が黒い帯のように広がっていた。対岸の門司《もじ》の灯が潤《うる》んで見える。その先にあるのが博多である。今日、そこから韓国の釜山《プサン》に向かう船に乗ることになっている。

旅はまだはじまったばかりだった。

話は二カ月前、二〇〇五年の九月に遡る。

秋晴れの気持ちのいい空が広がっていた。僕はオフィスの手前にある公園のなかにつづく小道を歩いていた。紅葉にはまだ早かったが、木々の緑はその濃さを失いはじめていた。小さな児童公園にさしかかった頃、ポケットのなかの携帯電話がなった。電話をとると、共同通信社に勤める知人からだった。

「いま、正月用の企画を進めてましてね。テーマは夢なんです」

「はあ」

「アジアハイウェイというのをご存じですか。元々は国連の事業なんですが、昨年、四月に日本も加わってアジア二十三カ国が調印して、アジアの道を整備する事業が進みはじめてるんです。資料を見ると全部で五十五路線あって、総延長は十四万キロに及ぶそうです。でもメインは一号線。東の始点は東京で終点は……トルコのイスタンブールの先」

「………」

「いや、そのすべてを走破してほしいなんていってるんじゃないんです。日程的にも大変ですしね。でも、まあ半分ぐらいは」

察しはついていた。今までも僕に降りかかってくるのは、ドライバーつきの専用車が用意され、その後部座席にのけぞるように座って、車窓を彩る風景を点描していくような仕事ではなかった。知らない国のバスターミナルに辿り着き、目的地の地名だけを頼りに、日陰で鼻をほじる男や平気で嘘を口にする髭面《ひげづら》の男たちに訊《き》き歩き、あっちのバスだ、いや明日になればバスがある……などと翻弄され、ようやくみつけだしたバスの前でほっとひと息つくような旅だった。

バス……？

いけない。勝手に想像すると、つい思考はバスに行き着いてしまう。これでは自ら進んでバスの旅を望んでいるようなものではないか。ここはじっくりと相手の話を聞かなくてはならない。

「交通手段はなんでもいいんですが、条件は陸路を走ることだけ。ただ潤沢な予算があるわけでもないんです」

やっぱりバスだった。

つらい記憶が一気に蘇《よみがえ》ってくる。これまで僕は、アジアのバスに完膚なきまでに痛めつけられてきた。乗ったアジアのバスの多くが、「遅い」「狭い」「揺れる」「故障する」というバスの四重苦をみごとなまでに備えていたからだ。

どういうエンジンを搭載しているのか、アジアのバスは少しでも道に傾斜がついてくると極端にスピードが落ちた。乗ったバスが坂道にさしかかり苦しんでいる横を、とぼとぼと歩く羊の群れに追い抜かれたときにはその「遅さ」に涙が出そうになった。ひとりでも多くの客を乗せて稼ごうと、座席と前席の背もたれの間のピッチが、常識を超えた「狭さ」になっていることがある。縦向きに座ると、足がその間に入らないため、日本の座敷のように靴を脱いで座らなければならないバスに遭遇したこともある。なんとか足を入れるスペースのあるバスでも、膝《ひざ》は前席の背もたれにぴたっとつき、動かすのもままならない。結局はバスのなかで体育座り状態になってしまうのだ。これで半日、いや一日。修行僧にも勝る苦行なのである。道の悪さも手伝って、尻が座席から浮く「揺れ」は珍しくなかった。座席のクッションなど期待できず、振動はずきん、ずきんと尾てい骨に響いた。天井が低いバスになると、振動のたびに荷棚に頭をぶつけそうで、頭に座布団でも巻いたほうがいいかと真剣に悩んだこともあった。バスの老朽化も激しく、人家も見えない山道や砂漠の道で僕の乗ったバスはよくぷすんという音を残して停まった。パンク、バッテリー故障、原因不明のトラブル。そんな「故障」のたびに、二時間、三時間と遅れ、ひどいときは半日近くバスの脇ですごしたこともある。人が住む気配すらない辺境でバスが動かなくなり、呆然と車体の横に立ちつくしていると、どこからともなく物売りが姿を現すことにアジアの密度を感じてしまったものだが、足許を見られているとわかりながらも、彼らから高い水や食料を買ってしのがなければならなかった。

そんな旅のなかでも、とくにつらいルートは、旅人の間で「三大地獄交通機関」として語り継がれていた。一日乗ると、必ず骨折者がひとりは出る中国のジャンピングバス、一日乗ると熱射病で何人かが倒れるスーダンの炎熱列車、半日揺られると立つこともできなくなるパキスタンのバイブレーションバスである。こんなことを書いても誰ひとり褒めてはくれないのだが、この三つの交通機関すべてに僕は乗ってしまっていた。しかし三大地獄交通機関に匹敵するようなルートは、アジアのそこかしこに転がっていた。乾季なら砂ぼこりに苦労する程度ですむ道も、雨季になると天を仰ぎたくなる悪路に変身してしまうのがアジアの道でもあった。

高く晴れあがった東京の秋空を眺めながら、僕の脳裡《のうり》には、ラオス、中国、カンボジア、タイ、インド……といった国々の風景が浮かんでくる。いつ故障が直るともわからないバスの脇で眺めた雲南の茶畑。揺れに備えて前の背もたれを握る手に力を込めながら見つめた長江の流れ。身動きがとれないバスの窓に映るチベットの山並み……。世界遺産に登録されてもおかしくないような雄大な眺めも、いつもバスの窓に合わせて四角く区切られているのだった。

またあのバスの旅をする?

旅への思いを、バスのつらさが引き止めようとする。

僕はもう五十一歳なのである。

それから数日後、アジアハイウェイの話はさらに深みにはまっていった。共同通信の依頼は、東京からトルコまでの道のりの半分ぐらいでもということだった。僕は勝手に日本からタイあたりまでと踏んでいた。共同通信の仕事のスタイルは新聞記者のそれだから、僕が写真も撮ることになる。つまり東京からひとりでバスに乗り、延々タイのバンコクまで写真を撮りながら進む旅である。いったい何日かかるのか想像もできず、その道のりをひとりで歩くことに二の足を踏んでいた。気心の知れたカメラマンと一緒なら、気分も紛れるし、トイレに行くときも荷物をみてもらうことができる。しかし共同通信のギャランティは、ひとりで取材することが前提になっている。

そこで僕は共同通信の承諾を得て、どこかの雑誌のグラビアでとりあげてくれれば……と思いついた。もちろん同じ企画ではできない。旅の道すがら、僕は毎日、食事をするわけで、それをカメラマンに撮ってもらい、『最近のアジア食事情』などといったグラビアページができれば、カメラマンのギャランティが出るな……などと安易なことを考えていたのである。

この手前勝手な発想が墓穴を掘ることになる。カメラマンが行くなら、と話はどんどん広がり、本にまとまる話まで登りつめてしまうのである。本になることはありがたかったが、昨今の出版事情のなかでは、そう甘い話にはならないのだ。

「写真もいっぱい載せた本ということになれば、やっぱり行くってもんでしょうね」

「行くってことですか……」

終点のトルコまで行くことが決まってしまったのである。バンコクまでバスで行く旅は、一気に倍以上の道のりを走破しなければいけないことになってしまったのだ。

僕はこれまで、日本からヨーロッパまでの陸路の旅を四回経験していた。日本は島国だから、正確には中国から陸路でヨーロッパに至る旅ということになる。北京を出発するシベリア鉄道に揺られ、モスクワ経由でヨーロッパに向かう列車には二回乗っている。カザフスタン、トルクメニスタンといった中央アジアの国を横切り、カスピ海を横断し、アゼルバイジャンを経てトルコに至る道も知っている。中国の西端のカシュガルから、標高が五千メートル近いクンジュラブ峠を越え、パキスタン、イランを通ってトルコに辿り着く道を走るバスに揺られたこともある。

思い出しただけで溜め息が出るような道のりだった。当時はそのルートを走破した人も少なく、不安と好奇心がないまぜになったような旅だった。中央アジアを横断するルートは、ひとつ、ひとつの国のビザに翻弄され、ぼろぼろになってトルコに辿り着いたが、雪を被《かぶ》った天山山脈を眺めながらのシルクロードの風景は、いまでも脳裡に焼きついている。バスはオアシスをひとつ、またひとつと結んでいく。そこで飲み干す井戸水の鮮烈な味も舌の記憶に留まっている。

どこか旅人の勢いと若さのようなもので、四回もユーラシア大陸を横断してしまったのだが、アジアハイウェイとルートは違うとはいえ、あの道を再びと思うと、腰が引けてしまうのである。なかなか腰があがらないのだ。もう歩いてしまった、という思いもどこかにある。それをある編集者に語ってみた。

「下川さん、堀江謙一さんはもう何回、ヨットで太平洋を横断してるか知ってます？

彼はたぶん六十代じゃないかな」

そういわれると言葉が出ないのである。僕にとって、ユーラシア大陸を陸路で横断することは、ライフワークとでもいうのだろうか。しかし断っておくが、僕はそんな旅を一生の仕事にしたいなどと思ったことは一度もないのだ。堀江さんはヨットを愛しているからいいかもしれないが、僕はバスを好いているわけでもない。

カメラマンは阿部稔哉《としや》氏に声をかけた。かつて中央アジアを横断したとき、ともに旅した仲だった。ひょんなことから橋野元樹君という青年が加わることになった。出会ったのは一軒の沖縄居酒屋だった。彼は実家のレストランの調理人として働いていたのだが、体調を崩し、しばらく仕事を休んでいた。彼のなかには、そろそろ自分の店をもちたいという野心が頭をもたげてきていて、メニューのヒントをアジアハイウェイの旅でみつけたいという思いがあったようだ。僕はこれまでさまざまなアジアの料理を口に放り込んできたが、そのつくり方となると視線が宙を舞ってしまうタイプの男で、どれだけ協力できるのかもわからなかった。予算の関係で、彼の旅費まで面倒をみられなかったが、彼はそれでも行ってみたいというのだった。

旅発つ日の朝、僕らは東京の日本橋の脇で待ち合わせた。アジアの旅となると、飛行機に乗るために空港に集まることが普通なのだろうが、今回はバスなのである。徹底してバスなのである。ということは、東京駅の八重洲《やえす》口から出発する大阪行きのバスに乗るわけで、その記念撮影を日本の道の基点である日本橋で、ということになったのだ。アジアハイウェイの東端は日本の東京である。厳密にハイウェイの始点ということからいえば、東名高速道の東端が出発点ということになるのかもしれないが、やはり日本の国道の基点である日本橋からスタートしたかった。

日本橋の袂《たもと》にある碑のところで待っていると、ザックをキャスターにくりつけて、舗道をよろよろと少し頼りない足どりで歩いてくる橋野君の姿が見えた。その姿に一瞬、目を疑った。彼は包帯で左腕を吊《つ》っていたのである。

「いや、昨日の晩の九時ごろなんですけど、ベッドから落ちて肩を脱臼《だっきゅう》しちゃったんです。別に酒を飲んでいたわけでもないんですけどね。急いで病院に行って治してもらって部屋に戻ったんですけど、それから体が痙攣《けいれん》をおこしてしまって……。一睡もできませんでした。もう、体が筋肉痛でつらくて」

僕はその話を、通勤客が足早に会社に向かう朝の日本橋の上で聞いた。脱臼するほど激しくベッドから落ちるというのは、いったいどういう体勢で寝ていたのだろうか。その後、体が痙攣……彼はアジアハイウェイの旅を前にそれほど緊張してしまったのだろうか。

「ここまで来ることができてよかった。一時は、この旅、諦《あきら》めなくちゃいけないかとも思ったんです」

頼りなく笑う橋野君を見ると、僕は次の言葉が出なかった。しかし考えてみれば、バスでトルコまで行くなどという旅は、普通の旅をしてきた人にしたら、雲をつかむような道のりなのかもしれなかった。さまざまな不安が頭をもたげたのに違いなかった。まあ、なんとかなるだろうと思っているのは、これまで四回も陸路でヨーロッパまでの道を経験してしまった僕の〝旅の老獪《ろうかい》〟のようなものなのかもしれなかった。

三人で記念撮影をすることになった。阿部氏が三脚の上にカメラを固定し、その前に三人が立つ。準備をしながら阿部氏がぽつりといった。

「水戸黄門のドラマみたいなもんですかね」

僕が五十一歳、阿部氏が四十歳、橋野君が三十歳。ふたりが助さん、格さんとなれば僕は黄門様ということか。髭にはかなり白髪も混じっている。黄門様がもつ印籠《いんろう》はさながら僕が手にする菊の紋章がついたパスポートということなのかもしれないが、僕のパスポートには、さまざまな国のビザやスタンプが捺《お》されている。

「この紋所が目に入らぬか」

とパスポートを差し出したところで、イミグレーションの職員は、「本当に観光旅行なの？」と疑うような代物《しろもの》なのである。空港の出口に屯《たむろ》する客引きを揉《も》み手《で》で近づけてしまうパスポートなのだ。頼りになるのは、金と体力と若干の気転しかない。そんな旅がまたはじまってしまうのである。

東京駅の八重洲口からバスに乗ったのは、僕と橋野君だけだった。阿部氏は仕事の関係で日本からは同行できず、中国の広州で落ち合うことになっていた。乗り込んだのはJRの『東海道昼特急大阪号』というバスだった。東海道を走るバスは安売り競争がはじまっていて、東京と大阪の間にも片道四千円とか、補助椅子なら二千円台の切符がネットを中心に売られていた。しかし安いチケットはすべて夜行便だった。僕らは大阪から博多まで四千八百円という安い夜行便のチケットを手に入れていたが、それに間に合うように東京を発つことになると、どうしても昼間出発の便になってしまうのだった。片道六千円の『東海道昼特急大阪号』は、座席が三列で、背は水平近くまで倒れる高級バスだった。小雨が降りつづく天気だったが、さしたる渋滞もなく、東海道を西に進んでいった。アジアハイウェイの規約では共通の『AH』という標識を道路に掲げることになっていた。最初はその標識があるかもしれないと車窓に目を凝《こ》らしていたが、いくら進んでも、その標識は出てこなかった。車内はすいていて、もの音ひとつしない。そのなかで背を倒して横になると、ついうとうととしてしまう。昨夜、寝ることができなかった橋野君はひとつ離れた席でこんこんと寝入っている。旅のはじまりは、拍子抜けしてしまうほど静かだった。

大阪の梅田駅近くの道端でバスを降りたのは夜の八時だった。定刻である。僕と橋野

日本橋。日本の道路の基点がアジアハイウェイの始点と考えたい

『東海道昼特急大阪号』の出発。見送りは阿部氏ひとり。ちょっと寂しい

昼間のバスのせいか、車内はがら空きだった。近くに中国人の中年女性が座った。少しでも運賃を節約したい人向けのバスだった

君は、そこから博多行きのバスに乗るために、コンピュータから出力した地図を頼りに『プラザモータープール』という場所をめざした。いったいそこがどういう所なのかもわからなかった。阪急電車の高架脇の道を進むと横に並んだふたつの看板が目に入った。

『バス歓迎』
『トラック受けつけます』

その前でしばし足を止めてしまった。しばらく考え、それが大阪駅周辺にある駐車場の宣伝であることに気がついた。日本語の遣い方としたら、なにひとつ間違っていないのだが、なんだか妙なのだ。東京なら、『バス、トラック駐車可』などと書くのではないか……などと呟《つぶや》きながらその先を見ると、そこが『プラザモータープール』だった。僕らが乗るバスは、駐車場から歓迎されているバスのようだった。

駐車場には仮設テントがふたつほどつくられていた。昼間は駐車場として使い、夜は格安バスのターミナルに変身するということらしい。テントの下に並べられたテーブルで受け付けをすませ、バスを待つことにする。すでに二、三十人の乗客が仮設テントの周りで手もち無沙汰そうにバスを待っていた。博多まで四千八百円。この値段に吸い寄せられてしまう客には若い人が多かった。スーツにコートを着込んだ学生風の若者は、

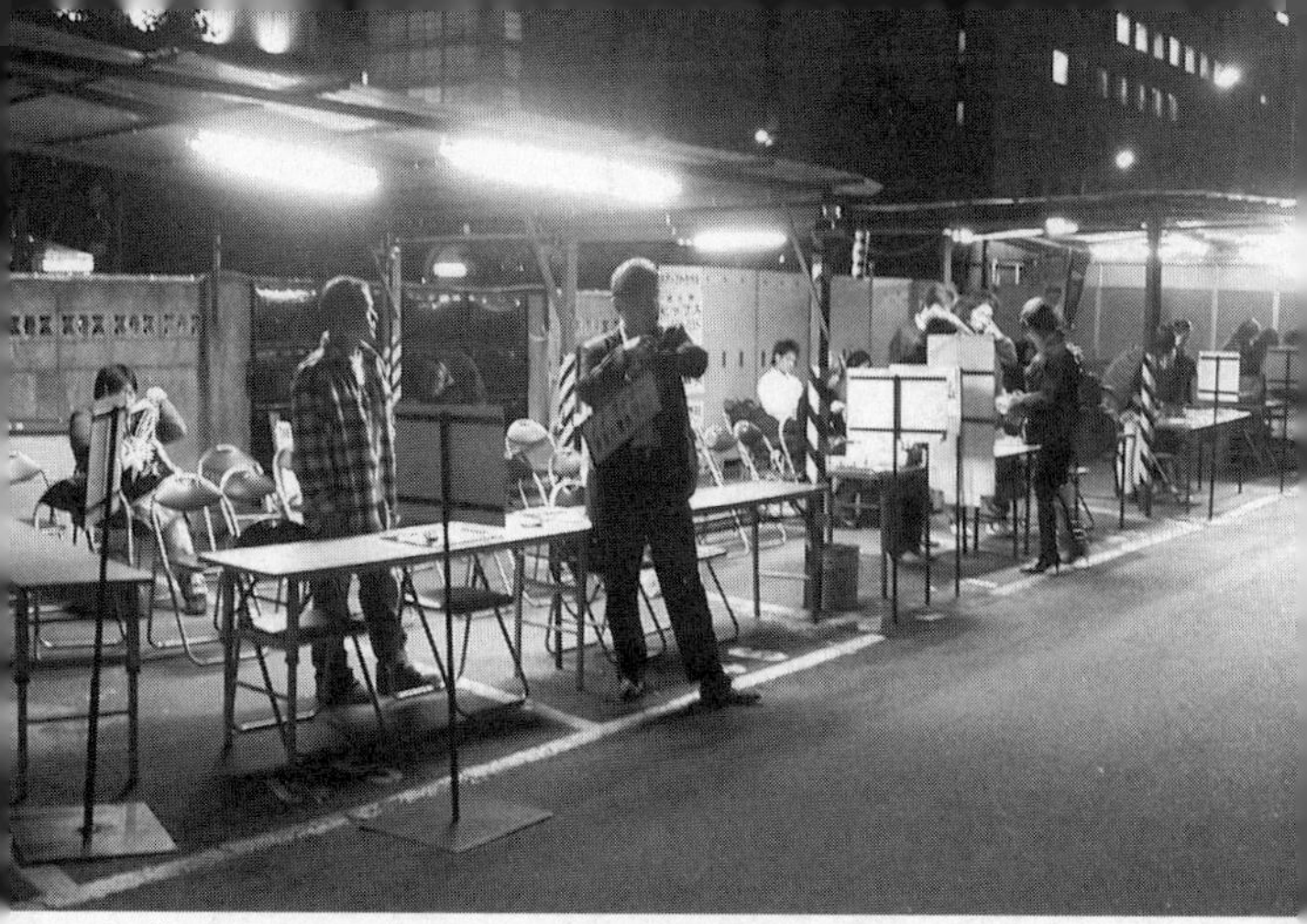
プラザモータープール。ビル街の空き地から九州行きのバスはひっそりと出発した。運賃を知られることが恥ずかしいかのように

就職活動のために大阪に来たのかもしれなかった。季節は十月の終わりで、吹く風はすでに冷たさを増していた。

一時間近く待っただろうか。やってきたバスのボディには『篠栗《ささぐり》観光バス』と書かれていた。観光バス会社が、空いているバスを格安路線バス会社に貸し出しているのかもしれなかった。

座席は気が滅入るほど狭かった。昼間の観光用に使われていたバスを夜行に転用しただけで、夜行バスという配慮はなにひとつなかった。中央の通路を挟んで左右に二席ずつで、背もたれもわずかに傾く程度だった。それでもすいていれば、少しは体を伸ばすこともできるのだが、満席になってようやく採算がとれる値段に設定しているためか、一席の空きもなかった。乗客のなかに不快な人がいるわけではなかったのだが、これだけ詰め込まれるとやはりストレスが生まれる。息が詰まるのだ。

ふたりの中年男性が交替で運転を担当するようだった。バスが発車し、大阪市内の高速道路を走りながら、そのうちのひとりがマイクを手に、さまざまな注意事項を伝えはじめた。それを聞くうちになんだか気分が落ち込んできてしまう。

「トイレがないので二、三時間おきに停車します。隣で寝ている人を起こさないようにできるだけ注意してバスを降りてください。会話は禁止です。寝ている人の迷惑になりますから。携帯電話で話すのもやめてください。最近よく苦情が寄せられるのはメールです。明るく光ってしまう画面が眠ろうとする人の迷惑になります。メールをするときは、こう、タオルかなにかで携帯電話を覆《おお》うようにしてください」

乗客たちはその車内のマイクを通じて延々と伝えられる注意を黙って聞いていた。そこに流れる空気は、いたたまれないほどささくれだっていた。おそらく東京と大阪の間を走る夜行の格安バスも同様で、そこにはさらに補助椅子というもっと安い席まで出現している。そこにもこのバスと同じ澱《よど》んだ空気が支配しているのに違いなかった。

かつてのアジアのバスも同じように狭かった。バスはいつ故障するかわからないほど古く、道はその振動が尾てい骨に直接伝わるほどひどかった。しかしそこには、選択肢がこのバスしかないという潔《いさぎよ》さのようなものがあった。ほかに快適なバスというものがないのだから、金がないことに卑屈にならなくてもよかった。金もちも貧乏人も皆、つらいバスに揺られなければならなかったのだ。車内には激しい振動を共に耐えていこうな、といった連帯感すら生まれ、会話や笑いが聞こえてきた。隣の中年女性は、ひまわりの種を食べろと笑顔で差し出し、前に座るおじさんは、「あの峠を越えれば茶屋で休みだ」と言葉も通じないのに身振り手振りで説明してくれるのだった。

アジアのバスに比べれば、日本のバスと道ははるかにいいはずだったが、車内は険悪とでもいえそうな空気に包まれていた。一時、上流と下流という格差社会を象徴する言葉が流布《るふ》したが、その伝でいえば、このバスは「下流社会」の卑屈な空気がぎっしりと詰まっているようにも思えるのだ。そこには安いバスを選べば選ぶほど座席が狭くなっていくという資本主義の厳しい論理が横たわり、おとなしく座る日本人たちは、その現実を黙って受け入れなければならなかった。もちろん、席を埋める乗客にはさまざまな事情があるだろう。体を横にできるバスが満席で、しかたなくこのバスを選んだ人もいるのかもしれない。安いバスはどんなものかと、予約をいれた人もいるだろう。しかしそんな理由はお構いなしに、乗客は重苦しい空気に包まれた座席に押し込められてしまうのだ。

明るい話題でもと思っても、会話自体が禁じられてしまう。大声で笑ったら、きっと乗務員に注意されてしまうのだ。日本はいつから、こんな社会になってしまったのだろうか……と、車窓に映る自分の顔を眺めながら考え込んでしまうのである。

バスは暗い山陽道を西に西にと進んでいった。狭い座席がしだいにきつくなってくる。あれは何時頃だっただろうか。吉和というサービスエリアでバスは小休止をとった。僕はバスを降り、そこにあった地図を見て、

「しまった」

と唇をかんだ。日本のアジアハイウェイは、大阪から山陽道を通って博多に向かっていた。しかしバスは近い道を選んだのか、中国道を走ってしまったのだ。途中、広島という表示を見て、てっきり山陽道を走っていくものだと思っていたのだが、うとうとしているうちに中国道に入ってしまったらしい。事前に確認する必要があったのだ。

これからの道が案じられた。トルコまでどんなバスが待ち受けているのかはわからないが、人が住んでいるかぎりバスはあるはずだ。しかしそのバスが、アジアハイウェイを辿ってくれるのか、乗る前に確認しなくてはならない。言葉の通じない国々でそんなことができるのだろうか。

考えてもしかたなかった。狭い座席だが、なんとか寝ることだと、腰をずらし、膝を前の座席の背に押しつける体勢をつくる。こうすると少し腰が楽なのだ。いつからか、こんな車中での睡眠術を身につけてしまった。しかし眠りが深いわけではない。腰はずるずると動き、しだいにその体勢がつらくなってくるのか、すぐ目が覚めてしまう。そ

んなとき、バスの窓にあの虫が見えてしまうのだ。この虫を友だちにしなければいけない日々がこれからどのくらいつづくのだろうか。

旅はまだはじまったばかりなのだ。

バスが博多の街に着いたのは朝の七時だった。すでに街は動きはじめている。博多駅近くの歩道にぽつんと降ろされ、僕は腰に手をあてて伸びをする。座席の形に曲がってしまったような体を伸ばすと、ぎしぎしと音をたてるような気さえする。

「少しは眠れた？」

隣で所在なげに立つ橋野君に声をかけてみた。

「いえ、まったく」

とげんなりとした顔で答えた。

「しかし下川さんはすごい格好で寝ますよね。まるで体育座りっていうか、胎児のような体勢っていうか。あの体勢で寝息をたててるんですから」

おおきなお世話だった。僕にしても、そんな体勢で寝たいわけではない。狭い座席ではどうしても腰が痛くなるから……と編み出した苦肉の睡眠術なのだ。それを体育座り……？　胎児？　それでは僕はバスから生まれた子どもではないか。しかし考えてみればその通りなのだ。車内でそんな体勢で寝る人はひとりもいなかったのだろう。橋野君の言葉にむきになる自分がなんだか切なくも映る。五十一歳にもなって、狭いバスのなかで少しはうまく眠ることができるといってなんぼのものでもない。気をとり直して港に向かうしかない。急がないと釜山行きの船に間に合わなくなってしまう。

釜山までは『ビートルⅡ世号』という高速船に乗るつもりでいた。この船には嫌な記憶がついてまわる。釜山まで三時間ほどで着いてしまうスピードは魅力だったが、揺れるのである。それも横揺れではなく、上下に浮遊感をともなうような縦揺れがつづく。この高速船は船体が海面から少し浮いた状態で進むのだが、うねりを飛び越えるほど浮いてはいないため、その上下動が直接、体に伝わってくる。ときどきジェットコースターに乗ったときに体が浮くような揺れに襲われるのだ。あれは数年ほど前だったか、僕はこの揺れに酔い、トイレで激しく嘔吐《おうと》してしまったことがあった。あのときはきつかった。

チケットカウンターには、今日の波の高さが表示されていた。そこには『〇・一〜一メートル』と記されている。僕は思わず訊いてしまった。

「今日の波は低いんですか？」

女性スタッフの、「はい」という返事に淡い期待を抱いてしまう。僕は祈るような気持ちで、飛行機の機内のような座席に座った。しかしそれからの記憶がほとんどない。バスのなかであまり眠ることができなかった僕らは、すいている船内をいいことに、三

釜山行き高速船『ビートルⅡ世号』の発券カウンター。穏やかな波をただ願うだけだった

席分を使って体を横にすることができた。そのうちにことっと寝入ってしまったのだ。一度目を覚まし、体を起こすと、前の席で橋野君も同じようにこんこんと眠っていた。

「彼も眠っているな」

そう思ったことは覚えているのだが、次に目が覚めると、『ビートルⅡ世号』の小さな窓からは、釜山港に沿ったビル群が見渡せたのだった。すっきりとした頭で思い返してみる。おそらく海はべたなぎだったのだ。そこを船は滑るように進んだようだった。海が穏やかなら、こんなに快適な乗り物だったのだ。いや、多少の揺れなどでは起きないぐらい、大阪からのバスで疲れていたのだろうか。

橋野君は二日前の夜、肩を脱臼してほ

釜山の街が見えてきた。博多から約3時間。いちばん近い海外は、波が静かなら鼻歌気分で辿り着いてしまう

船内でこんこんと眠る橋野君。僕もこの写真を撮った後、ことっ

とんど眠ることができなかった。その翌朝、東京から大阪まで乗ったバスで眠り、今度は博多を発った船のなかで眠りに堕《お》ちるという、昼夜逆転というか、夜だけがつらい状況に陥ってしまっている。これから乗る韓国のバスが快適なら、筋肉痛も治まってくるかもしれない。

釜山港に入り、ゆっくりと進む『ビートルⅡ世号』のなかで、僕は東京駅を出発してからの丸一日を辿ってみる。なんだかがたがたとした出発だった。大阪からのバスは厳しかったが、予定通り、釜山に着きそうな気配である。

はたしてこれから先の道のりも、こう進んでくれるのだろうか。釜山港に入る船のなかにいる僕らには、なにひとつその道のりが描けなかった。アジアハイウェイの旅は、まだはじまったばかりなのだ。

コラム　日本のバスターミナル

日本の長距離バス事情は、ここであえて解説するまでもないと思う。長距離バスは、日本人、とくに若い旅行者にとって、日本を移動するうえで欠くことができないものになっている。

これはどの国でも大差はないが、長距離の移動手段は飛行機、列車、バスである。そのなかで、いちばん安い手段……といえばやはりバスになる。

長距離の移動手段は、列車、飛行機、バスの順で発達してきた。飛行機は空港、列車は駅がターミナルの役割を果たしているが、本書で僕が長距離バスに乗った頃、バスには、きちんとしたターミナルがなかった。後発だったのだ。バスを予約すると、集合場所を示す案内が届いた。それはバスが何台も停車するようなスペースではなく、大通りの道端ということが多かった。その場所に少し早く着いてしまうと、バスはもちろん、係員すらいない歩道で待つことになった。

「本当にここでいいんだろうか」

と不安に駆られることが多かった。

本書で紹介した大阪の場合のように、駐車場を利用していることもあった。少しでも空き地ができると、そこが臨時のターミナルになることもあった。

僕も何回となく、道端からバスに乗ったが、日本人ですら戸惑った。

「外国人ならなかなか見つけられないだろうなぁ」

と思ったものだった。当時、アジアの大都市には、大きなバスターミナルがあることが多かった。アジアの国々の鉄道網は脆弱《ぜいじゃく》だった。スピードは遅く、運賃も安いわけではなかった。そこに目をつけたバス会社が次々に長距離バスを運行させた。まるで鉄道を凌駕するかのような勢いだった。

それに比べると、日本の鉄道は早くから整備され、確固たる存在感をもっていた。長距離バスは、列車に対抗する形で生まれてきたが、どこかゲリラ的に運行させるようなイメージすらあった。

そんな長距離バスだったが、その後、しだいに整備されていく。利用者のことを考え、長距離バスターミナルが徐々にできあがっていった。

二〇一六年、東京の新宿にバスタ新宿ができあがったとき、テレビ局からコメントを求められた。その規模を強調したかったようだが、僕が海外、とくにアジアで目にしてきた長距離バス用のターミナルは、バスタ新宿の数倍の規模というところが多かった。タイ、パキスタン、トルコ……。そう伝えると、テレビ局の記者はコメントを求める相手を間違えたといった表情をつくった。

しかしそれほど卑下する話ではない。日本はそういったアジアの国々に比べれば、はるかに整備された鉄道網をもっていたから、長距離バスに頼る必要がなかったのだ。

日本のバスターミナルは、しだいに整備され、ずいぶん利用しやすくなった。発券システム、バス乗り場のつくりなど、わかりやすさでは、アジアのバスターミナルを超えている気がする。

2章　韓国

先を急がなくてはならなかった。東京から大阪、博多、釜山《プサン》まではバスや船の運行時刻も正確にわかったが、その先のスケジュールには急に靄《もや》がかかってくる。運行状況をネットで調べてみたが、どれが正確なものなのか確認する方法もなく、出たとこ勝負の旅がはじまることになる。

アジアハイウェイの一号線は釜山からソウル、そして北朝鮮を縦断して、中国の丹東《タントン》に抜けていた。だが北朝鮮へソウルから陸路で入ることは難しかった。仮に平壌《ピョンヤン》に空路で入り、韓国国境に戻り、そこから中国国境までバスで走りたいなどという要望を出しても通るわけがなかった。

韓国から中国へは船で向かうしか術《すべ》はなかった。

ソウルの西、仁川《インチョン》の港から丹東に向けてフェリーが出ているはずだった。しかしその運航スケジュールも正確にはわからなかった。日本で得たいくつかの情報のなかに、今日の夕方、丹東行きのフェリーが出るらしいというものがあった。これに間に合えば、一気に中国まで行くことができる。東京から宿に一泊もしないで中国に着くことになってしまうが、少しでも先を急ぎたかった。

行き先になにが待っているのかわからない旅なのである。突然の故障もあるだろうし、バス路線が途切れてしまう可能性もあった。阿部カメラマンとは六日後に広州で合流する予定である。その約束の日までに辿り着かなくてはいけないという制約もあった。つい気が急《せ》いてしまうのである。

釜山港に近い中央洞《チュンアンドン》駅から地下鉄に乗り、バスターミナルのある老圃洞《ノポドン》駅に向かう。地下鉄の終点駅でもある。駅に着き、階段を駆け足で上り、通路を急ぎ足で歩き、発券窓口の上に表示されている時刻表を眺める。仁川行きは午後一時半発。ひとり三万千ウオン、日本円で約三千七百円でチケットを手にするとようやくひと息ついた。時計を見ると、出発まで三十分ある。そういえば昼食を食べていないことを思い出し、バスターミナルの安食堂で、一杯三千ウオンのうどんをかき込んだ。アジアハイウェイの旅というと、なにか壮大な旅をイメージするのかもしれないが、やっていることといえば、バスターミナルのなかをバスを求めて走りまわり、わずかな時間を縫ってうどんを啜《すす》るような日々の連続なのである。だから行きたくはなかったんだ、などといっても後の祭りで、僕は荷物を手にバスの乗車口に向かわなくてはならないのだった。

これが韓国の優等バスの車内。こちらが恥ずかしくなってしまうほどの高級感。でもガラガラでした

このバスで釜山から仁川へ。運転手が払った高速代は1万9000ウオン。安い

仁川行きのバスは定刻に発車した。乗り込んでそのバスの豪華さにちょっと戸惑ってしまった。座席は三列で革のような感触のシートになっていた。座席の幅も広く、飛行機のビジネスクラス並みなのである。韓国の高速バスには優等と一般があると聞いたことがある。これは優等のバスのようだった。乗客も十人ほどで、彼らはそれがあたり前のようにリクライニングを深く倒してくつろいでいる。

韓国は年に一回ぐらいは訪ねていたが、長距離バスに乗る機会は五、六年なかった。その間に、韓国のバスはずいぶん立派になっていた。東京から大阪まで乗った『東海道昼特急大阪号』のバスの設備に、僕は日本の長距離バスもよくなったものだと感心していたが、韓国のバスの進化はその比ではなかった。途中で停まったサービスエリアも日本のそれより充実していた。食堂やファストフードは日本のサービスエリアにもあるが、韓国ではそこにスーパーマーケットまで併設されているのだ。

バスは釜山とソウルを結ぶ京釜《キョンブ》高速を走っていた。これがアジアハイウェイの一号線でもある。車窓には、ちょうど刈り入れどきを迎えた水田が広がっていた。黄金色の帯の向こうにつづくこんもりとした山々では紅葉がはじまっていた。まるで日本の田園地帯の秋のような風景のなかを、バスは北へ、北へと進んでいく。昔に比べれば、運転もずいぶん穏やかになった。韓国の国土はさして広くはなく、隅から隅までバスに乗っても六、七時間で着いてしまうのだが、かつての韓国の運転手たちは、血が騒い

高速道路のサービスエリア。日本のそれよりずっと楽しい。帰宅途中の買い物ができるのもありがたい

でしまうかのようにアクセルを踏んでいた。一九九〇年代、道端にはときどき、追い越しきれずに路肩からはずれてしまった車やバスが放置されていた。あの頃、韓国の人々は経済成長に浮足立っていたのかもしれない。次々にビルが建ち、高速道路が整備されていったのだが、気がつくと先進国並みに出生率が「二」を割ってしまう国になっていた。経済成長は一夜の夢のようにすぎ去り、韓国の人たちもようやく生活のゆとりとか快適さを求め、安全というものに価値を見いだしてきていたようだった。

仁川までは四、五時間で着くと思っていた。道路もそれほど混んではいなかった。ひょっとしたら、今日、出航するという丹東行きのフェリーに間に合うかもしれない……と僕は車内で何回も時計を見つめた。高速道路はソウルの南郊をかすめるようにして仁川に向かっていたが、そのソウル南郊の手前三十五キロほどのところから車が混みはじめた。しだいに密度は増し、完全な渋滞にはまってしまった。ソウル市内に入る料金所から渋滞がはじまっているようだった。

陽はとっぷりと暮れてしまった。僕らはその日のうちにフェリーに乗ることを諦《あきら》めるしかなかった。

「何日ぶりのシャワーだろうか」

仁川の港に近い安宿の浴室で僕は呟《つぶや》いていた。しかし考えてみれば、東京駅の八重洲《やえす》口をバスで出発してから三十二時間しか経っていない。バスと船に乗りつづけていたせいか、ずいぶん時間が経った気がする。

荷物を置いたのは、港の汽笛が聞こえる路地に面した一泊二万ウオン、二千円ほどの温泉マークのある宿だった。仁川には英語が通じるそれなりのホテルもあるのだろうが、韓国では昔から路地裏の安宿をひいきにしてきた。名ばかりのフロントには、そこに寝泊まりする老人がいる宿である。部屋は決して広くはなく、そこに布団を敷くと、どこか学生下宿をほうふつとさせる空間が出現し、僕は妙に落ち着いてしまうのだった。こういう男を根っからの貧乏旅行タイプというのかもしれないが、僕の韓国の宿はやはりこの種の安宿なのだった。

バスが仁川に着いたのは八時近くだった。無駄とは思いながら国際フェリーのターミナルまで行ってみた。丹東行きは翌日の夕方六時出航だった。ぽっかりと一日の空白ができてしまった。やはりバスと船では、そこに流れる時間感覚が違った。

ひとつの国に入国した最初の晩は、不思議な高揚感に包まれるものである。僕らの場合、これが最初で最後の韓国の夜である。夕飯を食べようと宿を出る前、橋野君は突然、歯を磨きはじめた。

「うまいもんを食う前は歯を磨かないと」

やはり料理人である。脱臼《だっきゅう》に端を発した筋肉痛もようやく治まってきたようで、彼もようやく元気になってきた。入ったのは宿に近い普通の料理屋だった。豚の三枚肉を焼き、サンチュに味噌と一緒にくるんで口に放り込む。やはりいくら日本の焼き肉店が味を競っても、韓国のなにげない店の焼き肉には敵《かな》わない。酔うとわかりながらも、久しぶりの韓国だと眞露《ジンロ》という甘口の焼酎《しょうちゅう》を一杯……。港の夜は更《ふ》けていくのだった。

ほろ酔いになって宿に戻った。すると橋野君が重いザックのなかから、次々に器械をとり出したのだった。ｉＰｏｄに似た韓国製のミュージックプレイヤーに名刺大のスピーカーをとりつけ、スイッチを入れると、違法でダウンロードしたというフェイ・ウォンの『恋する惑星』の主題歌が流れてきた。iPod型のプレイヤーは知っていたが、超小型のスピーカーは知らなかった。

「僕らのような旅行者をITバックパッカーとか、アキバ系バックパッカーっていうんですよ」

「ITバックパッカーねえ」

その後、旅をつづけていくと、彼のザックのなかには、さまざまな器械物が入っていることを知らされることになる。その多くが電池を電源にしているため、彼は数十個の電池も持参してきていた。彼の荷物が小さい割に重い理由がようやくわかってきた。

しかし僕にしても、『恋する惑星』の主題歌は大好きな曲で、これまでの音のなかった僕の旅は彼のおかげで急に彩りを増してきたのである。一泊二万ウオンの古びた安宿も、フェイ・ウォンが流れると異空間の趣すら生まれてくるのだ。僕はウォークマン世代になるのだが、音楽とはほとんど無縁の旅をつづけてきた。そんな旅を意図したわけではなかったが、荷物は少しでも軽くしたいという思いのなかで、器械物は次々と排除されていってしまった。音がない旅に別段、不満を感じていたわけではなかったが、こうして仁川の安宿でフェイ・ウォンを聴くと、僕の旅はずいぶんと質素なものだったと思えてくる。旅は変わっていくのである。

科学技術や素材はますます進化し、そのなかから旅に向いた機器や道具、衣類が次々に生み出されているようだった。たとえば、橋野君が穿《は》いているズボンは、登山専門のスポーツ用品店で売っている速乾性の素材を使っているのだという。なんでも夜、洗濯すれば、翌朝には乾いてしまうほどなのだそうだ。僕が穿いているのは、ごく普通の綿のズボンである。汚れてくると洗わなければならないが、その日は一日、旅の休日と決め込んで体を休めるといい、などとこれまでも書いてきた。しかし速乾性のズボンを知っている橋野君の世代が読めば、ずいぶんとピントのずれた話にも映るのかもしれなかった。

この旅で僕は橋野君からさまざまな最新旅行グッズを教わることになる。しかしこの夜以降、超小型スピーカーからフェイ・ウォンを聴くことはほとんどなかった。夜は夜行バスに揺られる日々がつづいてしまったのである。そしてなぜか、そのミュージックプレイヤーも壊れてしまった。僕の耳にはいつも、規則正しいバスのエンジン音だけが響く旅になっていったのである。

翌朝、目覚めると、橋野君は自分の手の甲を眺めながら、しきりと首を捻《ひね》っていた。昨夜、彼は少し買い物をしてくるといって部屋を出ていった。僕は大阪からの夜行バスの疲れがどっと出たのか、いつの間にか寝入ってしまったのだった。彼は手を見つめながら、昨夜のできごとを思い出して、ぽつり、ぽつり、と話しはじめる。

「いや、ウエスタンラリアートをかけられましてね」

「ウエスタンラリアート？」

それがプロレスなどで使われる技の名称であるとわかるのに少し時間がかかった。なんでも彼は、昨夜、近くにあったファミリーマートで買い物をしたのだという。店を出るとそこに可愛い韓国人女性がいて、つい声をかけてしまった。まあ、ナンパである。僕のように五十歳を超えると、さすがにそんな気概もなくなってくるのだが、彼は未婚の三十歳である。酔いも手伝って韓国人女性に声をかけることぐらいあっても不思議ではない。しかし運が悪いことに、その女性の後ろには仁川のヤンキーが何人もいたらしい。彼らに思いっきり、ウエスタンラリアートをかけられたというのである。

どうもそれは本格的な喧嘩《けんか》などではないようで、その証拠に、ヤンキーは彼の手の甲にひとつの電話番号を書き残していったのである。しかし橋野君は、ヤンキーたちがなぜ、その電話番号を書いたのかがどうしても思い出せないようだった。

「なにか気持ち悪いじゃないですか」

「そんなこと、俺にいうなよ。僕はことっと寝入っちゃったんだから」

「そうなんですけど……」

「それはそうと、その袋はなんなの？」

「これですか、酒。面白そうな酒がコンビニに並んでいたもんですから。それからインスタントラーメン。部屋に戻ってから、腹が減ったんで齧《かじ》ってたんです」

「…………」

僕は彼の枕元に置かれたファミリーマートのビニール袋を見つめた。ふたつもあるその袋には、薬用酒や焼酎らしい酒壜《さかびん》が十本近くも入っていた。ハングルが読めないから、どんなものかはわからないが、酒であることには違いはない。

「これ、どうするの」

「どうするって、飲むんですよ。これから先、夜が寂しいかと思って」

なにもすることがないバスのなか、酒でもかっくらって寝てしまおう、という気持ちはわからないではない。しかし十本近い酒はかなりの重さである。それにかさばるインスタントラーメン。彼はそれをもち歩くつもりらしい。ザックから次々に出てくる最新の旅行グッズや器械に少しは感心していたのだが、要はただの衝動買い癖の持ち主なのかもしれなかった。結局、この酒は旅の途中で飲みきることができず、最初の行程の終点であるバンコクまでもち歩くことになる。

それどころか、彼はそれからの旅の途中でも、次々と新しい酒やらわけのわからぬものを買い込んでいった。その日に乗ったフェリーでは、『百年の孤独』があるといって嬉々《きき》とした面もちで財布を開け、中国の湖南《フーナン》省のサービスエリアでは、パッケージが面白いといって白酒の小壜を買っていた。広州から乗ったバスが休憩をとったドライブインでは、五、六本も入った海へビの干物に感動し、これは珍しいと買ってしまう。

さすがの橋野君も、長さが八十センチもある海へビの干物はかさばって仕方ないようだった。彼の説明によると、スープの出汁《だし》にするとおいしいらしいのだが、旅の途中ではスープをつくるのも難しい。彼はそのひとかけらをぽりぽりと齧り、僕もその一部をもらって齧ってみたが、出汁の素を食べたところで、うまくもないのである。あれは中国南部のベトナムに近い湛江《チャンチアン》という街だったろうか。夕食を食べに出かけ、座った屋台のおばさんに、橋野君は、

「海へビの干物をもらってくれないか」

と盛んに交渉していたが、彼女らもそう頻繁に使うものではないらしく、丁重に断られていた。僕の記憶では、彼もその処分に困り、湛江で泊まったホテルで捨てていたように思う。

彼が衝動のように買ってしまう荷物を僕がもたされるわけではないから、文句をいう筋合いではないが、これだけ海外を歩いても、ほとんど物を買わない僕からすれば、橋野君はどこか異星人にも映ってしまうのである。それは世代の違いではないことはわかっているのだが。

仁川の街にいてもすることはなにもなかった。僕らは昼頃、港の国際フェリーターミナルに出向いて切符を買った。最も安いエコノミークラスでひとり十一万七千二百ウオンもした。日本円に換算すると一万四千円ほどである。バス運賃の感覚からすると、フェリーはずいぶんと高い気がする。乗船は四時と伝えられ、僕らはターミナル前の広場で待つことにした。

いい天気だった。日本でいえば小春日和《びより》とでもいうのだろうか。僕らはベンチに座ったのだが、近くにある植え込みの縁《ふち》に並べられている、おにぎりやサンドイッチが気になった。昼食を食べていなかった僕らは、それが売店なのかと思ったのだ。しかしそれから間もなく、その前で繰り広げられる光景に、僕らの視線は釘付けになってしまった。

港には中国を昨夜、出航したフェリーが次々に到着しているようだった。この港からは中国の営口《インコウ》、烟台《イエンタイ》、石島《シータオ》、大連《ダーリエン》、秦皇島《チンホワンタオ》、丹東、威海《ウエイハイ》、青島《チンタオ》といった港へのフェリーが就航していた。一隻《せき》のフェリーでやりくりしている路線が多いようで、一日おきに仁川港に到着して出航するというスケジュールが組まれていた。これだけの路線があると、毎日、数隻のフェリーが仁川港に到着することになる。

フェリーから下船してくる乗客の荷物は多かった。いまの時代、フェリーの存在価値は、その運賃もさることながら、積み込める荷物の量にあった。飛行機のエコノミークラスなら二十キロまでの荷物しか預けることができないが、フェリーはそれよりはるかに多い荷物を預けることができた。乗客は荷物をカートに載せ、ターミナル前の広場に姿を見せる。普通はそこからタクシーなどに積み込んで仁川市街やソウルに向かうのだが、彼らは不思議な行動に出た。広場のそこかしこに立つ男や女の元にまっすぐ進んでいくのだった。そのひとつが、植え込みの縁におにぎりやサンドイッチを並べた場所だった。

そこにやってきた乗客は、待ち構える男と二言三言の会話を交わした。待っていた男は、

「ごくろうさん」

とでもいっているようなそぶりで、そこにあったおにぎりを差し出したのだった。男は次いで、バッグのなかからビニールシートとヘルスメーターをとり出した。そして乗客の荷物を勝手に開けると、そのなかにぎっしりと詰まった物をシートの上に並べはじめたのだった。米、豆、唐辛子、ジーンズ……。きちんとパックされた品々を並べる光景にピンときた。乗客は中国と韓国を行き来する運び屋たちだった。

その存在は、十年ほど前、やはり仁川港から青島までのフェリーに乗ったときに知った。港のイミグレーションの列に並ぶと、前後にいる男たちが皆、中国のパスポートのほかにひとつの通行証を手にしていたのだった。後で訊《き》くとそれは朝鮮族であること

仁川港前の広場で運び屋の荷物は堂々と売られていく。だから港探索はやめられない。早めに行くことですな

の証明だった。彼らは、韓国と中国の間で物資を運ぶことを仕事にしている男たちだった。

朝鮮半島と中国東北部。そこには朝鮮族の濃いネットワークがある。いまは韓国と中国の間に北朝鮮という閉鎖的な国があるため、その歴史が見えにくくなっているが、昔から多くの朝鮮族がいまの中国東北部に暮らしていたのだ。高句《こうく》麗《り》王朝の拠点がいまの中国領内にあったこともあった。その後、政治的なパワーバランスのなかで、これから僕らが向かう丹東の脇を流れる鴨緑江《ヤールーチャン》が北朝鮮と中国の国境になっていく。鴨緑江上流域の国境問題には、朝鮮半島を植民地化した日本もかかわっていた。そんな国境がもたらした結果が、中国国籍をもつかなりの数の韓国語を話す人々だった。

　はじめは中国に住む朝鮮族が、その権利を利用し韓国への渡航許可をとったことにはじまった個人レベルの貿易だったように思う。あの頃、まだ中国は貧しく、韓国に溢《あふ》れる西側物資は魅力だった。そのうちに中国の経済力があがり、値段も安いことから、韓国人も運び屋稼業に参入していったのだろう。

　そんな男たちがいま、僕らの目の前に集まってきていた。そのなかには中年女性もいた。彼らがもち込んだ物資の計量風景をぼんやり眺めていたが、そこからの展開に、僕らは目を離すことができなくなってしまった。男はズボンの裾《すそ》をめくった。すると、脛《すね》にぴったりとビニール袋に入れられた唐辛子が貼りついていたのである。ガムテープをべりべりと剥《は》いで、男はすっきりしたような面もちで、今度はポケットのなかから煙草《たばこ》をとり出しはじめた。よくこれだけ詰め込めるものだと思うほど煙草の箱が出てくる。鞄《かばん》のなかには、ちゃんとカートンケースが折り畳んで入っていて、そこにひとつずつ入れていくのだ。煙草の数、二十個。まるで手品を見ているようだった。

　すると男は、煙草を入れていたジーンズ地の上着を脱いで、計量する男に渡した。

「あれも売り物だったのか」

　僕らは惚《ほう》けた顔つきで男たちを見つめるしかなかった。つづいて男は、履いていたスニーカーを脱いだ。見るとおにぎりが置かれていた植え込みの下には、ちゃんとサンダルが用意されていた。

「下川さん、あれ、ナイキのエアマックスですよ」

橋野君が僕の耳許で囁《ささや》いた。僕はスニーカーのブランドにはまったく疎《うと》く、それがどれだけの価値があるものかがわからなかったが、橋野君の説明では、日本で買うと二万円ぐらいはするらしい。

「ほーッ。でも中国から履いてきたってことは、偽《にせ》かもな」

「そうかもしれませんね」

はじめ、これは痛快な密輸かと思っていたが、ターミナル前広場のいたる所で堂々と荷物を広げ、計量しているところを見ると、裏貿易というわけではなさそうだった。フェリーにも重量制限があり、それを超える分を体に巻きつけるということらしい。もっとも煙草やスニーカーは偽物の臭《にお》いがぷんぷんするから、違法なのかもしれなかった。

身軽になった男は、ゆっくりとサンドイッチを頬張っていた。計量をしていた男が、鞄のなかから札束を出して男に渡した。一枚、一枚数えているから僕らにもその金額がわかってしまう。

「五十万ウオン。日本円で五万円ってとこか。中国へ行って荷物を仕入れて帰ってくるだけで、最低でも四日はかかるだろう」

仁川港を出港。空を見あげ、
仁川空港に発着する飛行機
を指をくわえて眺めていた

『東方明珠号』は中国のフェリー。だから船内の食堂の飯は涙が出るほどまずい。5000ウオンもした

「仕入れ値を引いたら、いくらぐらい儲《もう》かるんでしょうね」

橋野君はこれからはじめようとしている仕事のことを考えているのかもしれない。でも、運び屋ってことはないだろう。

「でも、待てよ。彼らは中国へ行くとき、韓国の物資をもち込むわけだろ」

「収入は倍か……」

午後四時にフェリーのチェックインがはじまった。そして、そこに長い列をつくったのは、やはりもこもこに着込んだ運び屋たちだった。カートに積んだ荷物も膨大である。韓国から中国へ運ぶ荷物である。彼らは何日か前、逆方向、つまり中国から運び込んだ荷物を、ターミナル前の広場で計量してもらっていたのに違いなかった。

僕らはその荷物に押されるようにして、丹東行きの『東方明珠号』に乗り込んだのだった。

コラム

韓国の高速バス

本書では長距離バスに乗って釜山から仁川まで移動している。この路線のバスに乗ったのははじめてだった。それまでも韓国の高速バスには乗っていたが、釜山とソウルを結ぶ路線だけだった。

韓国のバスは便利かもしれない。そう思ったきっかけの旅でもあった。

韓国の鉄道はほぼ全路線を乗っているが、利便性ということからいうと、いまひとつの感がある。たしかにソウルと釜山を結ぶＫＴＸという高速鉄道は速くて便利だが、運営する韓国鉄道公社は、このＫＴＸにエネルギーのほとんどを注ぎ込んでいるような印象がある。ＫＴＸ以外の列車ということになると、一気にローカル色が強くなり、本数も少なくなる。

ソウルや釜山から地方都市に行こうとすると、高速バスのほうが圧倒的に便利ということがわかってくる。

それは韓国の人たちも同じで、ソウルと釜山を結ぶＫＴＸが停車する、大田《テジョン》、東大邱《トンデグ》といった街以外に行こうとすると、まず高速バスを思い浮かべる人が多いという。

そのあたりは、高速バスターミナルに出向き、そこにある電光掲示板を見るとよくわかる。韓国にこんなにたくさんの街があったのか……と思えるほど目的地が多い。それらの街とソウルや釜山を直接結んでくれるわけだから、あるひとつの街に行こうと思うと、高速バスが圧倒的に便利なのだ。

当時に比べれば予約もスムーズだ。こういう面ではネットが普及しているのが韓国という国。予約サイトにアクセスすれば、簡単に席を確保できる。しっかりと日本語にも対応している。

しかし本書でも触れているが、韓国の高速バスはスピーディーなのだが、出発地と目的地を速く結ぶことに特化している雰囲気がはっきりと伝わってくる。旅情という発想で乗ろうとすると、消化不良を起こすかもしれない。

それを補っているのが韓国の鉄道という気もしなくはない。

仁川港と中国を結ぶフェリーも数多く就航している。僕らが乗った丹東以外に、大連、営口、天津、青島などを結んでいる。コロナ禍で運航が不安定になり、正確な運航スケジュールなどは紹介できないが、感染が収束すれば、日本から中国まで面白い旅ができる。飛行機で一気に中国まで飛んでしまうのとは違う旅気分を味わうことができる。いまは人より貨物船の色あいが強くなってきていると思うが。

韓国と中国を結ぶ朝鮮族の存在を目にするには、興味深いルートでもある。

少し方向は違うが、鳥取県の境港を出港し、韓国の東海《トンへ》に寄り、ウラジオストクを結ぶ船もある。コロナ禍収束後に、運航スケジュールなどを確認してほしい。

3章　中国

　目覚めると、季節は冬になっていた。

　船の丸い窓からのぞくと、冷たい雨が『東方明珠号』の甲板を濡《ぬ》らしていた。そろそろ陸が見える頃かと、甲板に出るドアを開けると、刺すように冷たい風が吹き込んできた。フェリーはシベリア寒気団にすっぽりと包まれてしまったようだった。

　波が高かった。早朝の海は黒ずみ、ところどころに白い波頭《なみがしら》ができていた。その間に朽《く》ち果てそうな船が見え隠れしながら揺れていた。その数は数十隻《せき》にもなったが、どれも二、三人しか乗り込めない小さな船ばかりだった。船は古く、乗り込んでいる漁師の服装もみすぼらしかった。僕ははじめ、それは北朝鮮の漁船ではないかと思った。この船が着く丹東《タントン》は、鴨緑江《ヤールーチャン》を挟んで北朝鮮の新義州《シニジュ》と接している。その港から出航した船かもしれなかった。しかし船の先頭に目を凝《こ》らすと、そこには漢字の船名があり、船尾には中国の赤い国旗がちぎれんばかりにはためいていた。日本にいると、上海の高層ビルや贅沢な海鮮料理といった派手な話題ばかりが聞こえてくるが、魚を獲《と》る漁師たちの姿は、まだ人民服が目立つ二十年前の中国のままだった。

「恥ずかしいところをお見せしてすいませんね」

ひとりの老人から丁寧な日本語で声をかけられた。韓国で検査機器をつくる会社を経営し、その売り込みのために丹東に行くのだという。

「この船に乗っているのは、ほとんど運び屋なんです。彼らは本当に花札が好きで……見苦しいです。朝鮮族？　そう、半分は中国籍の朝鮮族、あとは韓国人です……。昔ほど儲《もう》からなくなったと皆、いいます。運び屋の儲けが花札で消えちゃうこともあるんですから。困った人たちです」

僕らが乗り込んだエコノミークラスは、大部屋の雑魚寝《ざこね》スタイルだった。たしかにそこかしこに花札の輪ができあがり、札が並ぶ座布団の上には千ウオン札が無造作に置かれていた。運び屋は昔から賭博《とばく》好きが多かった。当たれば大儲けする運び屋稼業も博打《ばくち》といえなくもなかった。そんな堅気《かたぎ》とは違う人々を、その老人は朝鮮族の恥というのだった。

「そろそろ着きますよ」

前方を見ると、クレーンと煙突が見えてきた。そこが丹東の港のようだった。

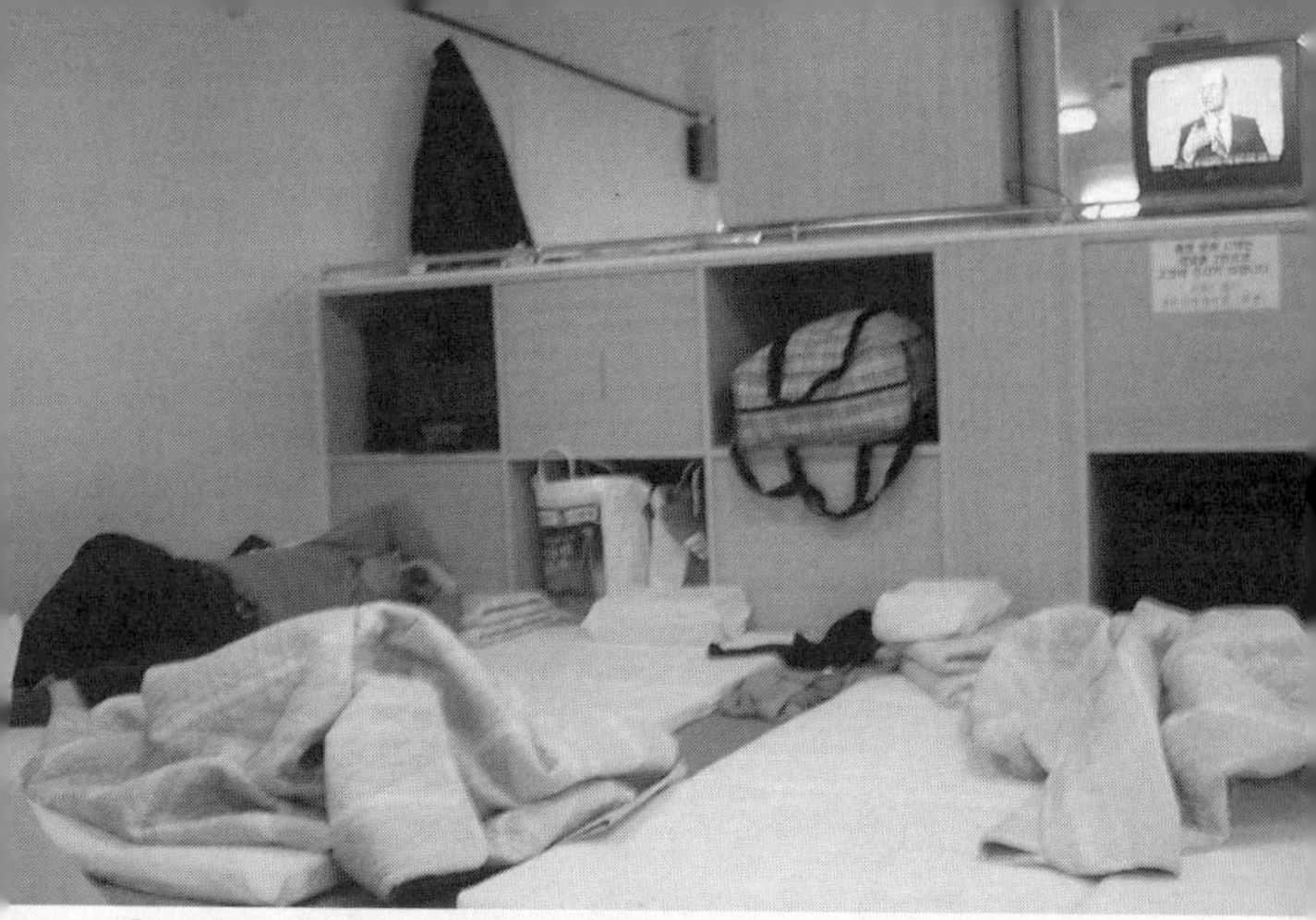

『東方明珠号』の雑魚寝部屋。布団の幅は60センチほどしかない。姿勢を正して寝る。乗客は皆慣れてます

丹東は一度訪ねていた。鴨緑江に沿ったホテルに泊まり、毎日、対岸に広がる北朝鮮の新義州を眺めていた。しかし丹東から眺めるその街はゴーストタウンのようだった。人の姿がほとんど見えないのだ。遊園地があるのか、粗末な観覧車が見渡せたが、動く気配はまったくなかった。何本も立つ煙突は植民地時代の日本の製紙工場のものだったが、そこからひと筋の煙もあがってはいなかった。

列車やトラックを使い、大量の物資が中国から北朝鮮に運ばれていた。その基地が丹東なのだが、この街には、北朝鮮を眺めるという観光の要素もあった。僕が泊まった部屋には、双眼鏡まで置かれていたのだ。観光客の大半は中国人だったが、彼らが目で確認したいのは北朝鮮の貧しさのようだった。悲惨さを映像で知らされている人々は、ここから望む対岸の貧困を目にして、自らの恵まれた環境を確認しているかのようだった。なんだか残酷な観光地なのだ。死んだような対岸の新義州だったが、ときおり、思い出したように車や人が通る。その服装を食い入るように眺め、車の老朽ぶりを目で確認しようとする。それは日本人の僕も大差がなかった。

北朝鮮を眺めにやってくる人の多くが、鴨緑江に浮かぶボートに乗った。スピードボートと小型観光船の二種類があった。どれも新義州側の川岸から十メートルぐらいの距離まで近づいて帰ってくる。僕も観光船に乗った。ちょうど兵士が土手に立っていた。写真を撮る僕らに文句をいっているようだったが、その声は川に沿って吹く風に遮られてまったく聞こえなかった。

『東方明珠号』が着いたのは、その鴨緑江の河口のようだった。川とも海ともいえない地点に、陸から突き出るように桟橋《さんばし》がつくられていた。あたりに家はなにもなく、鴨緑江が運んだ砂地が寒風に晒《さら》されていた。丹東の街まではだいぶ距離がありそうだった。

中国の土を踏んだ僕らに不安がないわけではなかった。中国人の反日感情だった。その年（二〇〇五年）、中国の反日運動は高まりをみせた。半年ほど前、上海で日本の総領事館に向けての反日デモがあった。総領事館の窓は投石で割れ、途中にある日本料理

鴨緑江大橋（丹東）。対岸は北朝鮮。死んだように静まり返った新義州の街を眺めることができる

屋が壊される事件があったばかりだった。その直後に大連《ダーリエン》を訪ねた知人は、日本人というだけで、タクシーの乗車拒否に遭ったと僕に教えてくれた。おそらくそれは、個人レベルの感情だったのだろうが、丹東の中国人のなかに、反日の意識を露《あらわ》にする人がいないとも限らなかった。丹東は日本人とのつながりが深い街だ。戦前は安東と呼ばれ、満州への入口として多くの日本人が住んでいた。

だがそんな不安は、丹東港のターミナル出口で一気に吹き飛んでしまった。この港には両替する場所がなく、僕は売店で少額のアメリカドルを中国元に替えてターミナルを出た。そこで僕らを待ち受けていたのは、二日に一度、仁川《インチョン》からやってくる乗客から、少しでも多くのあがりを得ようと手ぐすねを引いて待つタクシー運転手たちだったのだ。ターミナル前の広場を見まわしてもバスは一台もなかった。どうも丹東の街へはタクシーしかないらしい。何人ものタクシー運転手に囲まれ、値切り合戦がはじまる。相場がわからないが、はじめ運転手たちが七十元と口にしたので、半値近い四十元といってみた。

「丹東までは四十五キロもあるんだよ。そんな値段じゃ乗せられないね」

といった表情で何人かの運転手が去っていく。しかし数人が残り、そこから値段をつりあげようとする。結局、背の低い小太りの男と話がついた。寒い戸外で待っていたのか、頬がほんのり赤いその男が、紙に「50」という数字を書いたからだった。僕らはターミナル前に停められた車に向かった。すると運転手は、

「ここで座って待っていろ」

といったそぶりで、ターミナルに向けて踵《きびす》を返したのだった。交渉が成立したとき、てっきり僕と橋野君ふたりで一台の値段かと思っていたが、中国人がやることはそんなに悠長ではなかった。ここのタクシーは相乗りと決まっているようだった。だが、ターミナル前の広場で見ていると、大きな荷物を抱えた運び屋が、ひとりで一台のタクシーに乗って丹東に向かっている。しだいに状況が見えてくる。僕は運賃を値切ったが、そこで合意した値段は、相乗りでの価格だったということらしい。僕は運賃が三割ほど安くなったことに満足していたが、運転手たちのほうが一枚上手だった。僕らはこれから、

この名うての中国人たちと渡り合っていかなくてはいけないようだった。

世界にはさまざまな客引きがいるが、中国の客引きの強引さはトップレベルだと思う。僕らは丹東から瀋陽《シェンヤン》に出た。瀋陽駅前でバスを降りると、客引き部隊が大挙して押しかけてきた。僕らは彼らを追い払うようにして、北京行きバスを探した。ところが客引きの中年女性のひとりが、僕らの後をしつこくついてくるのだ。僕らは無視し、看板を頼りに北京行きのバス切符売り場を探した。僕らは翌朝に着くバスに乗りたかったのだが、なかなか適当な時間のバスがなかった。「あっちだ」、「向こうのバスだ」と三十分ほどまわされて、ようやくひとつの窓口に辿り着いた。その間も客引き女性は僕らの後ろ十メートルほどのところをついてきた。とくにバス切符を押しつけてこないので放っておいたのだが、僕が切符を買おうと財布に手を伸ばすと、その女性が急に近づき、口を挟みはじめたのだった。言葉がわからないが、どうも窓口の職員に向かってこういっているようだった。

「この客は私が連れてきたんだよ。マージンはいくらくれる？」

僕らがひとり百五十元、つまりふたりで三百元を払った後、女性は職員からちゃっかりと三十元を受けとったのだった。マージンは一割ということらしい。僕は女性の顔を呆然と見つめてしまった。

「あのなぁ。あんた、いったい僕らになにをしてくれたっていうの」

彼女は僕らの後をついてきただけなのだ。僕らが筆談を繰り返し、何時に北京に着くのか、とか、運賃はいくらだと交渉しているところを、後ろから眺めていただけなのだ。最終的に切符を買った窓口も自分たちで探した。その最後になって、三十元せしめるってのは……。しかし客引き女性はそんなことは意に介さないといった態《てい》で、駅前の雑踏のなかに消えていったのである。

中国の客引きはこういう手を使うことが多い。僕らにしたら騙《だま》されているわけでもなく実害もないから、抗議のしようもないのだが、なにかこう後味が悪いのである。これでいいのか、と思ってしまうのである。

それと同じようなことが、丹東港から乗ったタクシーで起きた。新たにふたりの客を乗せた車は、丹東に向けて出発したが、十五分ほど走ったところで、急に道の端に車を寄せた。ほかの乗客に倣《なら》って車を降りた。するともう一台のタクシーが近づいてきた。運転手は二言三言話すと、あっちの車に移ってくれと手で示し、新しいタクシーの運転手に金を渡したのだった。

はじめに乗った車の運転手は、車をUターンさせ、あっという間に戻っていってしまった。状況は理解できた。港にはまだ客がいる。おそらく港に入ることができるタクシーは限られていた。それなりの利権が働いているのかもしれなかった。運転手は港で客を集め、近くで港には入れない一般のタクシーに何割かを抜いて客を譲る。そしてまたひと稼ぎというわけだった。

「やるもんだな」

僕は新しく乗った車のなかで呟《つぶや》くしかなかった。だがそこで新たな不安が頭をもたげてくる。僕らはふたりで五十元という交渉をした。それが伝わっているのだろうか……と考えはじめてしまった。車を降りる段になって、その料金でもめるパターンが頭に浮かぶのだった。

車は丹東市街に入った。懐かしい風景が車窓に広がっていた。暖房用の石炭の匂《にお》いが車内に流れ込んでくる。僕らは丹東の鉄道駅近くでタクシーから降りた。運転手に五十元を渡すと、その男は文句ひとついわずにそれを受けとった。なんの問題もなかったのだ。乗り継いだタクシーのなかでの不安は杞憂《きゆう》だったわけだが、僕はその勘定高さのようなものに振りまわされっぱなしだった。なにも損はしていないから、拳《こぶし》を振りあげる機会もないが、なにかこう、収まりのつかないものが残るのだ。

これが中国だった。好きとか嫌いとかいっている場合ではなかった。相手はその日の稼ぎに必死だったし、僕は騙されまいと想像力をフル回転させる。正直なところ、僕はそのとき、中国人のなかに燻《くすぶ》る反日の意識など忘れていた。それどころではなかったというのが本音だろうか。だがそれが旅でもあった。中国人たちにしてみても、反日を叫んだところで金がもらえるわけではなかったし、僕はそんなことを気にしていたら、アジアハイウェイという、気の遠くなるような道のりを走破することもできないのだった。

しかし隣にいた橋野君は違ったらしい。いつ中国人から冷たい仕打ちを受けるのかとびくびくしていたのだと、あれはどこかの夜行バスのなかで、ぽつり、ぽつりと話すのだった。なにか勢いのようなもので、アジアハイウェイでトルコまで行くという酔狂な旅に加わってしまったが、考えてみれば、そのとば口には、反日感情渦巻く中国があったのである。出発前夜、体調を崩したのも、ひょっとしたら、そんな不安が臨界点を越えてしまったからかもしれなかった。僕のように、ときに不穏な場所にも足を踏み込んだことがあるおじさん旅行者は、いつもの旅のひとつのような気軽さで鞄《かばん》に荷物を詰めたのだが、日頃は日本に暮らす彼にしたら、それは大変なことだったのに違いない。

橋野君の話を聞きながら、僕は勝手に想像していたのだが、あれはベトナムのハノイだったか、屋台のテーブル越しに、

「下川さんがまったく中国語を話せないんで焦《あせ》りましたよ」

というのだった。今回の旅でわかったのだが、彼は大学で中国語を専攻していたこともあり、ある程度の中国語を操れるのだった。彼にしてみたら、僕は中国に十回、いや二十回以上も訪ねていて、旅行者の間では達人などと呼ばれているから、かなり中国語もこなせるのではないかと思っていたようだった。ところが丹東港のターミナルで、タクシーの運転手を前に、

「いくら？」

という中国語すら話せず、怪しげな英語と身振り手振りで交渉する姿を見て愕然《がくぜん》としたのだという。

〈こんなおじさんにくっついていって大丈夫なんだろうか。いやー、まいったな。いまの中国は反日感情が盛りあがっているというのに……〉

彼は遠慮してそのときは黙っていたが、これからの長い道のりを考えると、とんでもない不安が、反日のデモのように押し寄せてきたようだった。

〈中国語がからっきしできなくて悪かったな〉

と毒づきたくもなるが、事実だからしかたなかった。僕にしても、中国を歩くたびに、少しは勉強しようと思うのだが、五十歳をすぎた年齢と、東京での忙しい日々がそれを許してくれないのだと……まあ、これはいい訳なのである。かくして僕はセコい中国人と丁々発止《ちょうちょうはっし》の交渉を英語でつづけ、それを聞く橋野君は、さらに不安が募るというのが、中国を歩きはじめた頃の僕らのスタンスだった。途中から、このおじさんはたいしたことないな、と悟ったのか、彼が突然、中国語を口にしはじめ、旅はずいぶん楽になった。自分の不勉強を棚にあげていうわけではないが、それなら早くから話してほしかった。遠慮というものは、もっとしっかりとしたおじさんの前で発揮してこそ意味があるものだと、彼は今回の旅でわかったのではないかと思う。僕は身をもって旅人のいい加減さを演じてしまったようだった。

丹東では前回通った北朝鮮レストランで平壌《ピョンヤン》冷麺を食べた。鴨緑江に面した平壌松《ソン》濤《チョウ》園という店だった。そこには金日成《キムイルソン》のバッジをつけた女性たちが働いていた。彼女たちを間近で見ると、その美しさに足を掬《すく》われそうになる。ファンデーションなど塗らなくても、シミひとつない木目の細かい肌。重労働など一回もしたことがないような細い指……。僕はその姿を見ると、脱北者が訴える北朝鮮の惨状や目の前の鴨緑江の向こうに見渡すことができる、死んだように静まり返る新義州の街との折り合いがつかなくなる。選ばれた女性たちに接しているだけなのかもしれないが、北朝鮮という国は、日本人が思い描くほど悲惨ではないのではないかと考え込んでしまうのである。

前回、この店を訪ねたときに働いていた女性もいた。唸《うな》ってしまうほど歌のうまい女性だった。この店は、夜になると、彼女らの歌が聞けるのだった。できれば今晩、丹東に泊まり、うつら、うつらと川の向こうに広がる国のことを考えてみたかったのだが、今回の旅は時間がなかった。僕らはこの先に、その距離を測ってみたくもない道のりを残しているのだ。

瀋陽に出ることにした。

バスターミナルは簡単にみつかった。路線図を眺め、紙に、『沈阳2張』と書き込ん

丹東からの高速バスの車掌さん。若いんです

で窓口に差し出した。張とは枚数をさす。中国語がからっきしできない僕は、これまでの中国の旅は筆談でこなしてきたようなものである。するとコンピュータで印字された切符がすっと出てきた。そこに書かれたひとり六十五元、日本円で千円ほどの金額を慌《あわ》てて払う。その間に会話ひとつなかった。もっともなにかいわれても、僕はわからないのだが、没有《メイヨー》ぐらいはわかるのである。没有は、「ない」という意味である。

戸惑うようにして切符を見ると、十分後の出発になっていた。僕らはバス乗り場に急ぐ。改札を通り抜けてめざすバスをみつけると、その入口に紺色の制服姿の可愛い女性が立っていた。切符を見せると、このバスだという笑顔が返ってきた。ザックを車体の腹にある荷物入れに置くと、車掌さんがタグをつけてその半券を手渡してくれる。そそくさと座席に座り、ふーッと溜め息をついていると、もう出発である。定刻だった。僕はくすんだ丹東の街を車窓から眺めながら、

「こんなにスムーズだったっけ……」

と呟くことになる。

いや違った。これまで中国の旅は列車が主だったが、バスにもかなり乗っている。新《しん》疆《きょう》ウイグル自治区やチベット自治区方面になると鉄道がない地域が多く、どうしてもバスに頼ることになる。そんなバスは一日に一便とか二便といった頻度で、屋根には荷物が載せられ、人々は十年に一度といった大旅行の覚悟で乗り込んできたものだった。

しかしこのバスは違う。発車して間もなく、バスは沈丹高速と名づけられた高速道路に入った。すると車掌さんがマイクを手にあいさつをした。中国語だから聞き流していると、その言葉が急に英語になったのである。メモを読んでいる感じだったが、これで午後四時三十分に瀋陽に着くことがわかる。所要時間は三時間。距離は二百六十五キロである。あいさつが終わると、車掌さんは乗客にカードを配りはじめた。予約の電話番号が大きく書き込まれたそのカードには、バスの発着時刻が書き込まれていた。三十分に一本の割合なのである。そして次回、このカードを見せると十元割引とも書いてある。日本のように五パーセント引きなどというセコいサービスではないのだ。運賃六十五元

からどーんと十元も引いてしまうのである。好景気に沸く中国は、やることが大胆なのだ。すると隣に座る橋野君がこういうのだった。

「これ割引券なんですね。はじめ電話番号が書いてあるんで、彼女の個人的な連絡先かと思いましたよ。はッはッは」

「…………」

いったいこの男はなにを考えているんだろうか。頭のなかがそういうことでいっぱいになっているのではないか。まあ、三十歳という年齢を考えれば無理もないか。たしかにあの車掌さんは可愛いしな……。

バスにはビデオが備えつけられ映画がはじまった。ミネラルウォーターが各席のラックのなかに置かれている。バスにはトイレもついている。車内は禁煙である。

なんだかすごいのだ。

橋野君は、このバスに乗ったときから、ひとつのボタンが気になっているようだった。窓際に座った僕の椅子になく、通路側の椅子だけについている。背のリクライニングのレバーとは違う。ふたりでボタンを押してみたりしたがなにも動かない。そんな僕らを見かねたのか、通路を挟んで隣に座るおじさんが、席を横にずらせ、という手振りで教えてくれた。橋野君がボタンを押しながら、椅子を通路側にずらすと、椅子はスーと通路側に五センチほど動いたのである。

「ほーッ」

僕らはつい顔を見合わせてしまった。帰国し、知人に話すと、日本にもそういうバスがあるというのだが、僕は初体験だった。たしかに走行中、通路を歩く人はほとんどいない。それを見越して席を通路側に少しずらすことができる仕かけにしたのだった。実際、座ってみればわかるが、通路を挟んで四人が座るタイプでも、通路側の椅子と窓際の椅子の間に空間ができるとずいぶん楽である。バスの座席の狭さが軽減され、押し込められるというストレスがスーッと軽くなるのだ。このバスは中国製だったが、そんな装置まで備えていたのである。その後、僕らは中国のバスに揺られていくが、ほとんどのバスにこの装置がついていた。やはりすごいことだった。

窓の外には、遼寧省《リャオニン》の冬ざれた景色が広がっていた。レンガづくりの家の煙突から白い煙が立ち昇っている。刈りとられたトウモロコシが積みあげられ、綿入れのようなもこもことした上着姿の農夫が寒風のなかで働いている。煤《すす》けた顔や服装は貧相で手袋すらしていない。中国東北部の厳しい暮らしが窓の外に見渡せるのだが、車内はぽかぽかと暖房が効いた別世界である。高速道路は立派で、片側二車線の道が平原のなかをまっすぐに延びている。高速道路などという事業は、中国のような政治体制のほうが進めやすいことをうかがわせる道筋である。

到着したのは、瀋陽駅前の広場だった。二十階はある高いビルに囲まれた一画だった。

郊外団地と高速道路。中国もこんな光景のなかをバスに揺られる時代になった（丹東〜瀋陽）

瀋陽といえば、受験参考書のなかに躍っていた旧名の奉天とか清《しん》朝を立てたヌルハチといった名前が蘇《よみがえ》ってくる。僕にとってははじめての街で、ゆっくり故宮を訪ねてみたい……という思いはあるのだが、広場には北京行きのバスやその切符を売る窓口がいくつも並んでいるのだ。乗り継ぎはいいのだが、

「このバスに乗ったら、明日の朝は北京に着いてしまうのか」

と愚痴のひとつも出てしまう。しかし今回の目的地のバンコクはまだ遠い彼方《かなた》に思え、結局、夜の九時半に出発し、早朝に北京に着くバス切符を百五十元で買ってしまうのだった。こういう者を生真《きま》面目《じめ》な旅人とでもいうのだろうか。

北京までは六百五十五キロの距離があ

った。臥舗車という寝台バスもあったが、バスが古く、橋野君が二の足を踏み、背が後ろに倒れるだけのバスを選んだ。結果的にはこれが正解だった。乗客は半分にも満たず、中国人はこういうバスに慣れてきたのか、勝手に車内に散らばって体を横にする。僕らもそれに倣うことにした。瀋陽駅前を出発してすぐ、京沈高速と名づけられた高速道路に入った。道は立派で、順調に距離を稼いでいく。

しかしいくら体を横にできたといっても、バスのなかでは熟睡できるわけではない。ふと目が覚めると、バスは停まっていた。車内はビデオだけが映っていた。時計を見ると午前一時半だった。

身を起こし、窓越しに見た光景に目を疑った。周りを夥《おびただ》しい数のトラックが埋めていたのである。その数は百台や二百台では足りないほどだった。バスを降りてみた。ぎっしりと詰まったトラックの向こうに大きなゲートがあり、そこに『山海関』という文字が見えた。街路灯の明かりで地図を見てみた。遼寧省と河北省の境界だった。ここに料金所があり、その前で車が詰まっているようだった。

しかしすごい数だった。中国のトラックは日本のそれより大型のものが多い。料金所に掲示されていた高速料金を見ると、小型、中型、大型、特大型に分かれていた。後日、サービスエリアで『中国高速公路』というロードマップを手に入れ、それを見ると、次のように書かれていた。小型は二トン未満、中型は二トンから五トン未満、大型は五トンから十トン未満、特大型は十トン以上。日本にも特大というトラックのクラスはあるが、それの一・五倍はあるように思える。この巨大トラックが中国の高速道路を西へ、東へと走っているのだ。

それは当然のことだった。僕はアジアの旅ばかりつづけてきた男だから、アジアハイウェイと聞いてバスを連想してしまった。たしかに人の移動を担《にな》うバスも走るのだろうが、本来の目的は物流なのである。アジア全体の経済発展のために道を整備していくことのほうが、はるかに大きな役割だった。そのために国連は資金を用意し、アジアハイウェイの整備に乗り出したのである。国連の予算ということは、その流れを遡れば世界各国が分担負担する資金に辿り着く。アジア各国にしてみれば、道が整備され、国を越えた物流がスムーズになれば、自国の経済発展に結びつく。そんな意思の一致があってはじめて実現する事業だった。バス便などはその次に控えていることだった。

中国の高速道路はその意図をはっきりと示していた。これまで走った日本や韓国の高速道路に比べれば、一般乗用車が少なく、圧倒的なトラックの道なのである。それも日本の大型トラックをひとまわり大きくしたトラックが奔走する道なのである。日本や韓国が、どちらかというと、増える物流量に押されるように高速道路を整備していくのに比べると、中国はまず、道を先につくっていくような感すらある。実際、渋滞と呼べるものは、この山海関がはじめてだった。トラックはおそらく、一般道の倍以上の速さで、街と街を結ぶようになったのだろう。中国の経済発展を支え、いや拍車をかけるのが、いま、僕らが走る高速道路なのだった。

その現実が目の前にあった。多くのトラックが北京をめざしているのかもしれない。積荷がなんなのかはわからないが、この道はたしかに中国の経済発展を下支えしているのである。こんなことになっているとは夢にも思わなかった。アジアハイウェイとは、実はそんな道だったのである。

北京に着いたのは、翌朝の五時半だった。看板を見ると、北京北駅の近くのバスターミナルのようだった。まだ暗く、店も開いていなかった。


「下川さん、次の停留所で降りませんか」

隣に座る橋野君が囁《ささや》くような声でいった。体調でも悪いのかと顔を見た。

「いや、気になりませんか。あの咳《せき》」

「咳？」

「後ろの席のおじさんが嫌な咳をしてるんです。妙な風邪をうつされたら大変でしょ」

「風邪？」

考えてもみなかった。これまで旅先で風邪をひいたことは何回もある。訪ねた街の気候がわからないことが多いから、日本にいるときより風邪に罹《かか》りやすい。気をつけていないわけではないが、近くにいる人の咳まで考えたことはなかった。橋野君ぐらい気を遣ったほうがいいのかもしれなかった。

しかし橋野君はまだ、旅の緊張のなかにいるようだった。北京北駅近くに着いた僕らは、タクシーで永定門長途汽車站に向かった。汽車は中国語でバスになる。北京には十カ所近いバスターミナルがあり、いったいどこから南下するバスが出発するのかわからず、勘で永定門のバスターミナルに向かったにすぎなかった。幸い、そこで石家荘《シーチアチヨアン》までの切符を四十六元で買うことができた。

バスターミナルに近い店で、蒸しパンと豆乳で二元という朝食を食べながら、橋野君はこんなことをいうのだった。

「昨日の夜、ずっとジャッキー・チェンのビデオがかかっていたでしょ。その声が『新婚さんいらっしゃい！』っていっているように聞こえてしかたなかったんです」

ハチョーッ、ハチョーッという声のどこが『新婚さんいらっしゃい！』なのか、しばし悩んでしまった。

「あまり寝られなかった？」

「ほとんど」

いろんなことが気になっているようだった。丹東で荷物をバスに預けるときも、前に中国で起きた事件を橋野君は僕に教えてくれた。なんでもトランクのなかに人が潜んでいて、走行中にほかの人の鞄から貴重品を盗むという手口だった。夜行バスに乗っていると、そんな不安が膨らんでしまうのかもしれなかったが、無理もなかった。僕もアジアを歩きはじめた頃、夜行バスではほとんど眠ることができなかった。どんな不安に苛まれていたのかいまとなっては覚えていないが、暗いバスのなかでまんじりともせずに座っていると、些細なことが心のなかで広がっていってしまう感覚はよくわかる。しかしそんな旅を何回もつづけ、実際に鞄ひとつ盗まれてしまった体験を経ていくうちに、鞄などなくても旅はできるという妙な落とし所に辿り着いてしまった。これが摩《す》れた旅人というのかもしれないのだが。

「下川さんって、なにか考えてるのかと思って見ると、だいたい寝てますよね」

おう、悪かったな。旅を長くつづけるとそういう体質になってしまうのだよ、と自己弁護を口にしながら、少し甘味のある豆乳を啜《すす》るしかなかった。しかしこの旅の途中、橋野君もいつか、バスのなかでこんこんと眠りこけるときがくるはずである。アジアハイウェイはそんな道のりだった。

北京から乗ったバスのなかで、橋野君が不安になる理由もわかっていた。それはこれまで乗ったバスとは客層が違っていたからだった。丹東、そして瀋陽で買った切符には直達と書かれていた。ノンストップ便という意味だ。しかし、永定門長途汽車站から乗ったバスは、高速道路を走るものの、行き先は東営という聞いたこともない街だった。

おそらく窓口の職員は、いちばん早く石家荘に着くバスを選んでくれたのだろうが、それは直達ではなかった。

その違いがまず客層だったのだ。これまで乗ったバスの客は、ビジネスマンや中国の経済発展の恩恵を受けた金もち風が多かった。手にする荷物も少なかった。ところが北京からのバスの乗客は、人民服とは違うが、同じようなデザインの作業着姿のおじさんや天秤棒《てんびんぼう》を担《かつ》いだ中年女性だった。北京に買い物にやってきたらしい若者は、テレビが入った大きな段ボールを車内にもち込んでいた。ローカルバスの趣だったのである。ついでにいうと、車掌は制服もないそのへんにいそうな中年女性になった。中国という国は実にわかりやすい社会である。

バスは北京市内の停留所でさらに客を乗せ、高速道路に入ってもガードレール脇で待つ客を拾っていったのである。

「これからはチケットを買うとき、メモに直達と書かなくてはいけないな」

そんなことを考えながら、ぼんやりとガードレール脇から乗り込んでくる客を眺めていた。あるところではガードレール脇に五人も人が待っていた。全員が乗るのかと思ったが、乗車するのはひとりで、あとは見送りだった。バスにその客が乗ると、見送りにきた人たちはガードレールをまたぎ、その向こうにある急斜面を降りはじめたのだった。

中国の高速道路は、盛土《もりど》をし、周囲よりも数メートル高いところに道路をつくるスタイルが多かった。

日本では考えられないことだった。高速道路にはバス停はあるが、専用の階段がつくられた限られた場所という発想だった。しかし中国のそれは、どこから高速道路に入ってきてもよかった。それに気づいたのは、丹東から乗ったバスだった。車窓から眺めていると、高速道路の道端を歩いている人が何人もいるのだ。なかには自転車に乗って逆走するおじさんもいた。中国の高速道路は、基本的に車専用だったが、人が入り込んでも咎《とが》められることはないようだった。多少は危ないだろうが、まあ、これはこれで便利かもしれないな、などとのんきに構えていた。しかし、それから二時間後、僕らにもガードレール越えが待っているとは考えもしなかった。

北京から石家荘までは二百九十九キロだった。道路の標識は京珠高速と書かれていた。よく見ると、その下には京深高速と書かれていて、その上にペンキを塗って書き直してあった。京は北京を示す。深は深圳《シエンチエン》である。珠は珠海《チューハイ》。つまりこの高速道路はしばらく前まで深圳までしかなかったが、珠海まで延長されたようだった。中国の高速道路網はどんどん広がっているのだ。

午後一時頃だった。車掌に、ここだ、と促された。

「はッ？」

てっきり石家荘のバスターミナルまで行くと思っていた僕らは一瞬、戸惑った。そこは高速道路の路上だったのである。僕らを含めて数人の客が降りると、バスは間もなく発車してしまった。呆然と見送る僕らの前を車がびゅんびゅん通りすぎる。ほかの乗客たちは、それがあたり前のようにガードレールをまたぎはじめた。見下ろすと足がすくむほどの急傾斜である。そこを降りる客のなかには、ヒールの高い靴を履いたスカート姿の女性もいた。連れの男性が荷物を担いで体を横にしてそろそろと降りていく。その後を女性がつづく。こういうのを本当にたくましい女性というのだろうか。見ると斜面に沿って植え込みがあった。その両側に轍《わだち》ができている。どうしてその木につかまらないのだろうと目を凝らすと、そこには有刺鉄線がぎりぎりと巻かれていたのだった。眼下には車の修理工場があった。植え込みの右側を降りると、その修理工場の裏手に出てしまう。となると、工場のなかを通って、高速道路の下を通る一般道に出なくてはいけなくなってしまう。きっとそういう客が何人もいたのだろう。業《ごう》を煮やした修理工場の主人が、植え込みの右側に入らないように有刺鉄線を巻いたのに違いなかった。この修理工場のオヤジは本当にひどいことをする。

僕らも降りなくてはならなかった。ザックを右手で持ち、体を横にし、左手で斜面の草を握りながら一歩ずつ降りてゆく。階段ひとつつくればなんの問題もないのだが、それはいったい誰がつくるのかということになるのだろう。高速道路を管理する側にしたら、勝手にここに停まるバスを悪者扱いする。本来ならいったん高速道路を降りるのがしかし、そんなことをしたら、高速料金がよぶんにかかってしまうのである。しかしなんという急斜面だろうか。足を滑らせると、有刺鉄線が体に刺さってしまう危険すらあった。アジアハイウェイの旅は、こんなことも待ち構えていたのである。

石家荘のバスをめぐる不可解さはこれで終わらなかった。

急斜面を降り、体勢を立て直した。地図を見ると、白佛汽車站が近くにあった。なかなか立派なターミナルだった。僕らはここで鄭州《チヨンチヨウ》あたりまで行くバスがあればいいと思っていた。しかし紙にその地名を書いて渡しても、「没有《メイヨー》」ばかりが返ってくる。食い下がって訊《き》くと、どうもこのバスターミナルは、近隣向けのバスが発着するところらしく、長距離バスはないようだった。そして紙に書いてくれたのは、『客运总站』というターミナルだった。急いでタクシーに乗る。しかしいくら走ってもなかなか目的地に着かないのだった。資料を見ると、石家荘の街の人口は五百二十万人もいる。日本人でこの街の名前をどれほどの人が知っているのかと思うのだが、その街ですら五百万人を超える人口を抱えているのだ。今回のルートの目的地であるバンコクの人口が六百万人である。中国の街は気が滅入るほど大きいのだ。結局、タクシー代は二十元にもなってしまった。北京から石家荘までのバス代が四十六元だというのに、街中を移動しただけでこれだけかかってしまうのだ。

辿り着いたのは石家荘駅に近いバスターミナルだった。しかし窓口のほとんどは閉まっていた。バスの発着が少ない時間帯なのかもしれなかった。僕らはそこで五、六人の客引きに囲まれた。僕がメモに書いた鄭州からはじまった筆談は延々とつづいた。

彼らが書いた文字を解釈すると、ざっとこんなことだった。

〈鄭州行きは明日にならないとないが、武漢《ウーハン》行きなら夜の七時半がある。臥舗車という寝台バスでひとり二百三十元。翌朝の七時には武漢に着く。バスに乗るのはここではなく服務区。そこまでの車代が五十元。それ以外はかからない〉

地図を見ると、石家荘から武漢までは、鄭州への距離の倍ほどの九百七十四キロもある。そこを一気に走ってしまうことに異存はなかった。武漢まで行くことができれば、丹東から広州までの道のりの半分強まで進むことができる。僕らが承諾すると、客引きのなかの男性がどこかに電話をかけた。そしてふたり分の空きがあることがわかった。

彼らはメモに何回も『不要銭』と書いた。自分たちは金はいらないということを強調したいようだった。中国人のことだから眉《まゆ》に唾《つば》をつけなければいけないことはわかっている。だいたい二百三十元という値段でぼっているのかもしれなかった。しかしここまできたら、この船に乗るしかなかった。瀋陽駅前の広場を思い出した。後からついてきた女性は、僕らから金をとらず、バス会社からマージンをせしめていた。おそらくそのシステムだろう……勝手にそう想像するしかなかった。しかしわからないことはまだいくつもあった。だいたい僕らが乗る服務区とはどこなのか。そこまで車で行くというのはどういう意味なのだろうか。

陽も暮れはじめた夕方の六時、再びバスターミナルに出向くと、すでに小型のトラックが用意されていた。前に四人が座ることができ、その後ろに荷台のある車だった。いったいどこに連れていかれるのかもわからなかった。客引きのひとりが助手席に座った。トラックは石家荘のなかを延々と走り、高速道路に入った。しかし標識を見ると北京に向かう路線である。僕らは南に向かうはずだ。不安が膨らみはじめる。筆談はうまく伝わっていなかったのだろうか。

しばらく走ると、西兆道というサービスエリアに入った。そこに服務区と書いてある。謎がひとつ氷解した。僕らはサービスエリアでバスに乗り込むらしい。しかしそれがさらなる不安を呼ぶ。この道は北京に向かう路線なのだ。僕らの行き先は南である。客引きの男がサービスエリアにあるガソリンスタンドでなにやら訊いて戻ってきた。再びトラックは発車し、五分ほど走って石太高速という道に入った。そこは南北に走る高速道路と東西に走る高速道路のジャンクションになっていた。石は石家荘、太はおそらく太原《タイユアン》である。しかし太原は石家荘の西にある。僕らは南に向かいたいのだ。ところがその先で、日本の高速道路ではありえないことが起こった。石太高速に入ったトラックは出口に向かい、その料金所の手前で停まったのである。今度はトラックの運転手が降り、料金所の職員となにやら言葉を交わして戻ってきた。そして車を発進させると、料金所の手前で、反対車線に入ってしまったのである。

「おおーーッ」

やるもんである。彼らが途中で訊いていたのは、おそらく反対車線に入るポイントだった。それが違法なことなのか、当然のように行われていることなのかがわからなかった。客引きたちは、とくにこそこそした様子もあたりに気を配ることもなかった。日本なら当然違法だが、ここは中国なのである。高速道路網が整いはじめてからそう長い年月が経っていない。高速料金のシステムを考えればおかしな話だが、このあたりではまだ許されることなのかもしれなかった。

南に向かう路線に入ったトラックは、ほどなくして反対車線の西兆道サービスエリアに入った。レストランの前に進むと、そこに一台のバスが停まっていた。このバスだという。乗客はここで夕食をとるようだった。バスの運転手と客引きは知り合いらしい。僕はこの運転手にひとり二百三十元のバス代を払い、小型トラックの運転手に五十元を渡した。たしかに不要銭だった。するとバスの運転手が、僕らが払った金のなかから百元札を抜いて客引きに渡した。やはりそういうことだったのだ。

だがバスに乗り込もうとした僕は、フロントに掲げられた表示が目に入ってしまった。そこには『天津ー大悟』と書かれていたのだ。天津はわかる。おそらくこのバスの始発は天津なのだろう。しかし大悟とはいったいどこなのだろうか。僕らは武漢までの料金を払ったのではないか。再び客引きに筆談で訊く。すると返ってきた文字はまたしても『不要銭』だった。おそらく大悟から別のバスで武漢まで運んでくれるのだろう。勝手にそう解釈するしかなかった。

僕らはバスに乗り込んだ。客引きの男が手を振ってくれた。これで百元の儲《もう》けである。僕らも手を振ったが、ふと、彼らのことが気になった。彼らはどうやって石家荘の街に戻るのだろうか。石家荘の高速入口から乗り、石家荘の高速出口で降りる。高速料金はいったいいくらなのだろうか。そこには中国式の裏道が用意されているのだろうか……。

朝靄《あさもや》のなかでバスはゆっくりとエンジンを切った。五時半。大悟という町は、どうしてここがバスの終点なのか戸惑ってしまうほどの規模だった。山の頂にできたような小さな町だった。そこには中型バスが待っていて、これが武漢に向かうという。まだ百キロほどあるらしい。運賃は石家荘で払った額に含まれていた。

バスは車の少ない道を転げ落ちるように進んでいった。けっこうな坂道である。アジアハイウェイは河南《ホーナン》省の丘陵地帯を抜けて湖北《フーペイ》省に入り、一気に長江に沿って広がる武漢の街に向かって下っていった。こんもりとした山々の下に武漢の街があるのかもしれないが、厚い雲海のような雲に遮られ、なにも見えなかった。

武漢は大きい街だった。賑《にぎ》やかな街路をバスから眺めながら、

「こういう街はバスターミナル探しが大変なんだよな」

と呟いてしまう。中国の長距離バスの事情も少しずつわかってきていた。頭のなかはすっかりバスに染まっている。中国という国が、バスの窓の形にしか見えないような気になってくる。

到着したバスターミナルの窓口で長沙と書いて差し出してみる。ひとり百三十六元……。するとコンピュータで印字された切符がすぐに出てくる。午前十時発。待合室の椅子でげんなりとした面もちで座る橋野君に向かって切符を渡しながら、

「また買えちゃったよ」

というしかなかった。正直なところ、そろそろ休みたかった。韓国の仁川の安宿に泊まって以来、ホテルに一泊もしていない。丹東に向かうフェリーでは腰を伸ばして寝たものの、丹東からはふた晩とも動くバスのなかだった。

橋野君の表情を察すると、昨夜のバスもあまり眠れなかったようだった。寝台バスは通路を挟んで三列に二段ベッドが並び、運転席の方向に足を向けるようになっている。背のところは傾斜がついていて、その下に後ろで寝る人の足が入ってくる仕組みになっている。ひとりでも多くの客を乗せようという設計である。当然、ベッド幅は狭く、寝ているうちに落ちてしまうのではないかと不安になる。それは誰しも同じことで、どうしても下段から埋まっていく。しかし途中から乗った僕らに残されていたのは、もちろ

ん上段だった。ひとつのベッドは上段の中央列の先頭。足の上二十センチのところにビデオのモニターがあるベッドだった。幸い、夜行でビデオは消されていたが、それを見たいなどという客がいたら目も当てられない場所だった。眠れたもんじゃない。もうひとつのベッドは窓際の上段だった。

「僕は中国の寝台バスには慣れてるから、中央の上で寝るよ」

と窓際のベッドを橋野君に譲った。しかしそれでは悪いと彼は思ったのか、夜中に場所を交代すると彼はいった。結局、僕は二種類のベッドに寝たのだが、やはり熟睡はできなかった。寝台バスの欠点は、バスがブレーキをかけるたびに、体が少しずつ前方にずれていってしまうことだった。ふと目が覚めて体を起こすと、腰のあたりが十センチちかく前方に移動しているのだ。なんだか体が小さくなったような感覚で、狭いベッドの上で胎児のように丸まって眠っているのだ。

それでも僕はそれなりに眠った。やはり慣れとは怖いものだ。しかし橋野君は寝台バスが初体験である。加えて、まだ荷物のことなどが気になっているはずで、あまり眠ることができなかったのに違いなかった。彼の虚《うつ》ろな瞳がそう語っていた。僕は切符を買う窓口に並んでいたとき、メモにいろんな漢字を書いていた。

「もし武漢で一泊して、明日の朝のバスに乗ったら、長沙に何時に着くんでしょうか。そこから広州に行くバスが接続するんでしょうか」

明天とか接続とか、広州とかいろいろ書いてはみたが、通じそうな漢字に辿り着けず、結局は次に出発する長沙行きのチケットしか買えなかったのである。

昔の中国のバス旅は違った。いくら急いでいても、その日に運行されるバスの便数は少なく、翌日になってしまうことが多かった。ひどいときは二日間もバスターミナルそばのホテルに泊まったこともある。

「こんなことをしていて、いったいいつ着くんだろうか」

旅の日程を指で数えながら不安になったものだが、その分、体は楽だった。バスはきつかったが、その前後でゆっくり休むことができた。あの時代に比べれば、中国はずいぶん進歩し、高速道路は驚くべきスピードで整備されてきた。ここまでのアジアハイウエイは、日本の高速道路と寸分の違いもないほど立派だった。

そういえばバスの故障もない。かつての中国のバスは、故障が付き物ではなかったか。タクラマカン砂漠の北端を走るバスに乗ったときは、プラグの調子が悪く、バスが停まってしまった。運転手は向かいからやってくる車に乗せてもらって、オアシスの町までプラグを買いにいった。僕らは運転手が戻ってくるまで五時間も待たされた。雲南省を走るバスはエンジンを固定するボルトがはずれてしまった。近くに修理工場もなく、運転手は、車のあちこちからサイズの合ったボルトを探すという手段に出た。そうあのときは半日近くバスは道端に停まっていた。乗客としたら文句のひとつもいいたくなるところだが、その間に僕らは体を伸ばし、停車した車内で熟睡できた。しかし最近の中国のバスは壊れないのである。ここまで僕らは四十時間近くバスに揺られてきたが、一回も車のトラブルはなかった。

それはすごいことだった。

しかし疲れるのである。

もっとも、こんな風にバスに乗りつづける客は、中国人十三億のなかでも稀《まれ》なはずで、僕らが勝手にバスに乗りつづけているだけなのだ。本音をいえば、もう少し、休みながら進みたかった。しかしそれを伝える語学力がなく、橋野君には悪いと思いながらも、背中を押されるようにして、次のバス、次のバスと乗せられてしまうのである。

南下するにつれて、バスのサービスはますますよくなっていった。武漢から乗ったバスは、もちろん、ビデオ、トイレ、水、空調というすべてを備え、車内は禁煙だった。それに加え、軽食まで用意されていた。煎餅《せんべい》、クッキー、梅……が入った袋を、車掌が乗客に配ってくれたのである。ビデオで上映される番組もバラエティに富んできた。このバスでは日本が満州国をつくった時代が舞台となったドラマも流れた。アクションものだったが、そのなかで日本軍の兵士はばったばったと殺されていた。それを僕らは中国人と一緒に眺めるという妙な時間だった。広州から乗ったバスでは、日本の『呪怨《じゆおん》』が流れた。僕はこの種のホラーものが苦手なのだが、困ったことにこのビデオは字幕型で、日本語が耳に届いてしまうのである。バスのなかは暇だから、僕もつい観てしまったのだが、あれはバスのなかで放映するようなビデオだろうか。車窓には中国南部の明るい風景が広がっているのだ。そのギャップがどうしても埋まらなかった。

武漢のターミナルを出たバスは、間もなく長江に架かる長い橋を渡り、みごとに整備された高速道路を南下していった。時速は百十キロという速さで、長沙までの三百九十二キロを四時間半で走り抜いてしまったのである。

窓から眺める風景にも緑が多くなってきた。冬の丹東を出発してから、丸二日で、僕らは陽射《ひざ》しが優しい秋に戻ってきたようだった。白壁が目立つ家の造りも、どこかほっとするところがある。そろそろセーターをザックにしまってもよさそうだった。

長沙も溜め息が出るほど大きな街だった。到着した東バスターミナルから、広州行きのバスが出るという南バスターミナルまでひとり二元のバスに乗ったが、行けども行けども街なのである。ここも五百万人を超える人口を抱えていた。やっと辿り着いた南バスターミナルには、いまでは珍しい毛沢東像があった。彼は長沙近くの街で生まれていた。

もう、なにがなんでもホテルに泊まる構えだった。しかし広州に到着する日程を確認しなくてはならなかった。だが窓口に『広州』と書いたメモを出してもなかなか通じなかった。不安が脳裡《のうり》をよぎる。広州に直行するバスはないのだろうか。いくつかの窓口をまわされ、いまの中国では広州を「广州」と書くことがわかって胸をなでおろす。メモにはしっかりと『明天』つまり翌日と書き込む。運よく翌日の午後一時発の広州行きがあった。これに乗ると、夜の十一時には広州に着くという。運賃はひとり百六十元。これなら阿部カメラマンとの待ち合わせも大丈夫だった。予定より一日早く広州に着くことになる。

バスターミナルの横にあったホテルに泊まることにした。入口の手前には十数軒の売春宿が並ぶという立地だったが、僕らにとっては中国初のホテルだった。ようやく腰を伸ばすことができる。久しぶりのビールでも飲み、熟睡したかった。

近くの安食堂で夕食をとった。ビールはプラスチックのコップで飲む店だった。

「もう少し飲みますか」

宿に戻り橋野君がザックのなかからとり出したのは、仁川のファミリーマートでしこたま買い込んだ、得体の知れない韓国酒だった。まだ七、八本ある。彼はこれをもってずっと移動してきたのだ。ベッドの上にあぐらをかき、薬臭い韓国の酒をちびちび飲みながら、彼のザックの中身を見せてもらった。ｉＰｏｄもどきと小型スピーカーは知っていたが、ザックからは次々に重そうなものが出てきた。電気かみそり、整髪料、日本の携帯電話、携帯電話を充電する台座、コンタクトレンズ一式、デジタルカメラ、数十本の電池、何枚ものカードが入ったバッグ……。それでいて衣類はあまりなかった。これがいまの若者の荷物ということのようだった。嵩《かさ》はさしてないのだが、やたら重いのである。

彼はこれまでも何回か海外の旅に出ていたが、その資金は銀行のATMから引き出して旅を続けていたようだった。手つづきをとれば、自分の口座から引き出すことや、いざとなればキャッシングという手段もある。僕も旅先で金がなくなったとき、キャッシングで引き出した経験が二回ほどある。しかしATMなどない時代に旅をはじめた僕は、基本的に現金をもち歩くタイプだった。電気すらないようなエリアに足を踏み入れることも多く、頭のなかにはカードという発想があまりない。それにアジアでは、バンコクや香港といった大都市でなければ、ATMから現金を引き出すことは難しいとも思っていた。

しかし、アジアはすごい勢いで進化しているらしい。今回も橋野君はあまり現金を持参してこなかった。僕の記憶では、瀋陽とこの長沙で現金を引き出していた。この後、僕らの旅はトルコまでつづいたのだが、その途中、インドでは彼のカードで助けられたこともある。デリーでバスの切符を買おうとすると、予想外に高く、手持ちのルピーが足りなくなってしまった。両替を受け付けてくれる銀行は遠く、バスの時刻も迫っていたとき、近くにあったATMに橋野君のカードを入れると、カタカタと音がして現金が出てきたのである。現金をもち歩くより、カードのほうが安全に決まっている。僕も彼の旅を少しは見倣わなければいけないようだった。

デジタルカメラもそうだった。僕はいつも予備のSDカードを持参していたのだが、彼はこの後訪ねた広州のカメラ屋で、いままで撮った画像をCDに焼きつけてもらっていた。その費用は十五元ほどだった。アジアは僕が知らないところで、どんどん進んでいた。橋野君の旅のスタイルを見ていると、「なるほど」と唸ってしまう場面にときどき遭遇する。僕の旅も少しは進化させなければいけないようである。

しかし彼の荷物の重さだけにはついていけない。こうして長沙のホテルで酒を飲んだところで、強い韓国の酒は小壜《こびん》を一本空けるのがやっとなのである。彼のザックにはまだ何本もの酒が残り、それをもって旅はつづくのだ。翌日乗ったバスは、途中のサービスエリアで休憩をとったが、そこにあった売店を出てきた彼は、得意げな顔でビニール袋をさげていた。

「この壜、デザインがおしゃれでしょ。なかは中国の白酒なんですけど」

「…………」

酒をいくら飲んでも、ザックは軽くならないのだった。

バスは湖南省を一気に南下していった。しかし、もう少しで広東省《カントン》に入るというとこ

長沙のバスターミナル。この近くの出身である毛沢東像がロビーにあるせいか、乗客のマナーは少しいい

長沙駅前の売春宿。表側は土産物屋。裏商売だ。意識的にこの前を何回か通ったが、声をかけてくれなかった

ろで、突然、停車してしまった。どうもギアの調子が悪く、坂道もなだめすかして走っている感じだったが、ついにエンジンもかからなくなってしまったらしい。乗客全員が降り、後ろから押すことになった。一キロほど押しつづけただろうか。幸い、そこに永興というサービスエリアがあった。そこで本格的な修理がはじまってしまった。

これがはじめての中国のバスという人なら、「いったいどうなるのだろう」と不安に駆られたのかもしれないが、僕は車体を力いっぱい押しながら、なぜか水を得た魚のように体が軽くなる感触を受けていた。頻繁に故障する中国のバスに鍛え抜かれた身としたら、バスというものはしばしば故障するものだという意識が刷り込まれている。しかしこれまで乗った中国のバスは、故障など無縁といった面もちで走りつづけたのだ。その揺れに揺られる僕は、寝不足で重くなった体を座席に埋めるしか方法はなかった。体を動かすことのできない疲れが澱《おり》のように溜《た》まっていった。しかしこのバスが、頼りない音を残して路肩に停まったときは、一瞬、

「これでなくちゃ中国のバスじゃない」

と呟きそうになってしまった。バスを降りて車体を押し終わったとき、久しぶりの運動の後の爽快感のようなものすら感じていた。その感覚は、いまの中国ではもはや昔語りであることはよくわかる。バスが故障して嬉々《きき》とするのは、コンピュータがデスクに並ぶ会社が突然、停電になり、そのなかで得意げに手書きの企画書を書きはじめるおじ

永興のサービスエリア。ここでの修理は7時間……

やっとバスが故障。ただひたすら待つ。僕のアジアの旅を支配する基本的な時間感覚？

さん社員のようなものなのだろう。

しかしそんな時代の中国を歩いてしまった経験は消すこともできず、僕は修理工が車体の下にもぐって作業をする姿を熱心に眺めてしまうのである。

「これはかなり時間がかかるな」

などと呟く僕に、運転手が煙草《たばこ》を一本差し出してくれた。彼にしたら、外国人客へのお詫びの意味も込めたのだろうが、僕は急に出現した十年前の中国にしっかりと浸っていたのである。

修理には七時間もかかってしまった。乗客の中国人たちはなにひとつ文句をいわなかった。中国人はのんびりした民族などとは爪《つめ》の垢《あか》ほども思っていないが、やはり彼らも記憶のなかに、故障するバスが刷り込まれているのに違いなかった。こんなにスムーズに高速道路をバスが走るようになったのは、つい最近のことなのだ。道がよくなったから、故障も少なくなったのだろう。そんな変化が長距離バスに現れてきたのは、きっとここ二、三年のことのように思う。七時間遅れのバスに黙って座る中国人たちの顔が少し可愛く映ったものだった。

永興のサービスエリアを出発したのが午後十一時だった。途中、良田というインターチェンジで高速道路を降り、一軒の食堂で運転手たちは食事をとった。どうもこのバスと契約している食堂のようだったが、到着が遅れ、深夜にもなり、かまどの火も落としてしまっていた。本来ならこの時刻、すでに広州に着いているはずで、珠江に面したレストランで川風に吹かれながらビールでも飲んでいたのかもしれないが、僕らはいまだバスなのである。そんなつもりもなかったのだが、またしても車中泊になってしまった。寝台バスでもなく、少しリクライニングする程度の昼間用のバスである。中国のアジアハイウェイの旅のはじまりにこういう状況に遭遇していたら、

「中国のバスはとんでもない」

「バスのなかでは満足に眠ることもできないじゃないか」

などといささかオーバーヒートした言葉を綴《つづ》ったのかもしれないが、中国のバスに四日も乗りつづけた僕らはすっかりバスの虫になっていて、文句ひとつ出ないのである。橋野君もうとうとしている。彼の体もバスのなかで眠ることができるという、まあ、こんな旅でもしなければなんの自慢にもならない体質に変わりつつあるのかもしれない。

僕などは、

「これでホテル代一泊分が浮いた」

などと若いバックパッカーのようなことを考えていた。若い頃の旅で染みついてしまった貧乏根性は、五十歳をすぎても消えないものらしい。

バスは広東省に入り、南へ、南へと進んでいく。このバスは深圳行きで、途中の広州で降ろしてくれることになっていた。

広州で阿部カメラマンが合流し、アジアハイウェイの三人旅がはじまった。

広州からルートを西にとる。アジアハイウェイは南寧《ナンニン》を経て、ベトナムへと道はつづいている。広州駅に近い省客運站の窓口の前で地図を眺めた。そこにある地名をメモに書き写し、

〈至南寧　途径　阳西　湛江？〉

おそらくめちゃくちゃな中国語に違いなかった。途径とは経由地のことらしく、バスターミナルの運賃表によく書いてある。しかし窓口の女性はしばらく考えてこうメモに書いて戻してくれた。

〈玉林　貴港〉

通じたのである。南寧行きのバスは玉林《ユーリン》、貴港を経由するようだ。その地名を地図で確認する。というのも、アジアハイウェイは湛江《チヤンチアン》を通って南寧に向かっていた。玉林を通る道は、アジアハイウェイではないのだ。

南寧までのバスに乗らず、まず、湛江に向かうことになった。広州から四百九十二キロ。東京から大阪に向かうほどの距離がある。時刻表を見ると三十分間隔でバスが運行されている。このエリアのバスの密度は相当なものなのである。僕と橋野君は、広州のホテルでしっかり眠った。阿部カメラマンも香港で一泊してから広州に来たから、全員、

広州のバスターミナル。今回切符を買った中国のバスターミナルのなかでいちばん混雑していた。華南のエネルギーが渦巻く

体調も万全である。

「さて、西に向かって距離を稼ぐぞ」

そんな勢いで乗り込んだのだが、バスは広州の出口で大渋滞につかまってしまった。これまでの中国の高速道路は実にスムーズに進んできたのだが、やはり中国は南に来るほど豊かなのだろう。車が急に多くなってきていた。

サービスの質も変わってきた。空調、トイレ、ビデオ、水、補助椅子がなく通路側の席が内側に移動する……といったバスの設備は変わらないのだが、車内には大きく、このバスの売り文句が掲げてあった。

中途不乗客
不停車就餐

贈送餐食

だいたいの意味はわかるのではないかと思う。つまり途中で客は乗せず、食事休憩はなく、その代わり車内で食事を出すということだ。このバスは直快班車という直行バスで、その売りは速さなのだった。それがサービスになるのだ。このバスは白沙《バイシャ》の土産物屋の前で停車すると、そこで白菜と肉を炒めたものに目玉焼きが載った弁当が配られた。

車掌の服装は広州から急に派手になった。これまでは紺色のズボンに上着といった、まあ、中国らしい制服だったが、広州で乗ったバスの制服は、赤いスカートに赤と白のストライプのシャツ、そして赤い帽子……と一歩間違えばサーカスのピエロか？と目を疑うほどだった。趣味は悪いが、

「南に来たな……」

とその色使いに納得するのである。西部海岸高速と名づけられたこの道の周囲には、サトウキビ畑も見えはじめ、畦道《あぜみち》にはヤシの木が植えられている。水田では水牛が休んでいる。華南で秋まで遡った空気は、初秋ほどの暖かさの風に変わっていた。

湛江で一泊し、ホテル脇の安そうな食堂に入ると、店のおばさんは、南国のとろけるような笑みをつくった。奥ではおじいさんが竹筒でつくった水パイプで煙草を喫《す》っていた。ぴよぴよという間抜けな音をたてる水パイプは、以前、ベトナムの田舎で見かけた。

もう国境が近いことを教えられる。

湛江から南寧まで三百六十四キロを五時間ほどで走り、そこから憑祥《ピンシアン》まで二百三十キロを三時間。丸一日かけてベトナム国境の街まで辿り着いた。中国とベトナムの国境まではあと十五キロである。

丹東からアジアハイウェイを走り抜けてきたが、高速道路ができあがっていなかったのは、南寧から憑祥までの間だけだった。しかし一般道を走りながら、ときどき高速道路の料金所やほとんど完成したかのような高速道路が見えた。そして翌日、友誼関の国境まで行くと、ベトナムに抜けるトンネル工事が進んでいた。もう間もなく開通するような勢いだったのだ。


後日談になるが、アジアハイウェイの旅が終わってから半年ほど経ったとき、僕はこの道を走った。バンコク、上海、ハノイ、ホーチミンシティという都市に用事があり、バンコクで航空券を買おうと思ったのだが、このルートを同一航空会社で結ぶことは難しかった。そこで思いついたのが、南寧から憑祥、そしてベトナムのハノイに抜けるルートだった。上海から南寧までバスとなるとそれなりの日数がかかるが、そこは飛行機でショートカットしてしまう。そこからバスでハノイへ向かう方法を考えてみたのだ。

バンコクから飛行機で上海に向かった。そこで南寧までの中国国内線の飛行機を調べると、朝の七時発が片道九百元、一万三千円ほどである。それに乗って南寧に行ってみることにした。二時間ほどで南寧空港に着き、そこからバスターミナルに向かい、憑祥行きのバスに乗った。するとこのバスは、南寧市内から高速道路に入ってしまったのである。そのまま憑祥に二時間半ほどで着いてしまった。高速道路は開通したのである。憑祥から国境までの高速道路も完成していた。しかしトンネルはまだ工事中のようだった。

朝の七時に上海を発ち、午後の一時にはベトナムに入国してしまった。途中、ゆっくりしていても、ハノイには夕方には着いてしまう。中国国内線とバスという組み合わせだから、運賃も安い。燃油サーチャージや保険などが加わり、昨今の航空券代は値あがり傾向にある。航空会社の便乗値あげの感がしないでもないが、それに対抗するには、国内線とバスという組み合わせではないかと思ったものだった。

「ドメスティックフライト&バスだな」

到着したハノイの街で、ひとり得意がっていた。今後、高速道路がもっと整備されていけば、さらにこの組み合わせが便利になるはずである。

憑祥から包面車と呼ばれる三輪タクシーで国境に向かう。中国側の国境は、友誼関というちょっとした観光地になっている。両側から山が迫り、関所という日本語を連想し

国境まで乗った包面車。乗り心地は悪いが昔の中国の匂いがする

てしまうような立地である。

この国境は九年ほど前に一度通過していた。当時も一応、観光地の趣はあったが、中国風の門があるだけで、イミグレーションは道に沿った検問所のような小屋だった。そこで出国スタンプを捺《お》してもらい、赤茶けたラテライトの坂道をとぼとぼ歩き、登りきったところから見おろすと、その先にベトナム側のバーがおろされた検問所があった。距離にすれば一キロほど歩いた記憶がある。

ベトナム側の審査も厳しかった。ベトナムが陸路入国を許可して間もない頃で、当時はパスポートのビザ欄に入国ポイントが書き記されていないと通過させてくれない決まりになっていた。それでもいろいろと難癖をつけられ、賄賂《わいろ》を要求される国境だった。しかし九年の間に、中国側もベトナム側も立派なイミグレーションオフィスをつくり終えていた。その間の距離も百メートルほどに縮まっていた。ベトナムもビザが免除されるようになり、越境はいたってスムーズだった。

もっとも、不安がなかったわけではない。ベトナムはビザを免除する条件として、ベトナムを出国する航空券を要求していたのだ。しかし僕らのように、アジアハイウェイに沿って陸路で入国し、陸路で出国する旅行者は航空券など手にしているわけがなかった。まあ、こういう旅行者のほうが圧倒的に少数派であることはわかるが、ビザなしで入国させてくれるのか……という一抹の不安も抱えていたのだ。

だが杞憂だった。ベトナム側のイミグレーションの職員は、出国用の航空券やルートについてはなにひとつ訊いてはこなかった。パスポートにスタンプが捺された瞬間、僕ら三人は顔を見合わせた。

「これで大丈夫だ」

ベトナム側のイミグレーションの出口には、三台ほどの車が停まっていた。

この運転手たちは、蟻《あり》地獄の下に潜むウスバカゲロウの幼虫のように僕らを待ち受けているベトナム人と通じていた。その罠に気づくのは、その日の夜のことだったのである。

コラム

中国の長距離バス

この旅以降も、僕は何回か中国の長距離バスに乗っている。しかしその頻度はしだいに減ってきている。中国も飛行機代が安くなってきているからだ。LCC効果である。安い運賃を打ち出すLCCに引きずられ、既存の航空会社も値をさげている。ネットで簡単に買うことができることも大きい。

国によっては鉄道の衰退が激しいが、中国は違う。中国の新幹線にあたる高速鉄道が急速に路線を延ばしている。中国の高速鉄道は二種類。新しくつくった線路を走るものと、在来線を使ったものがある。在来線を使ったタイプは、日本でいったら特急列車の感覚で運賃も抑えられている。長距離バスと対抗するのは、この在来線高速鉄道だろうか。

中国の鉄道は新幹線はもちろんだが、在来線もネット予約できる。これも外国人旅行者には助かることだ。はたしてそんなにうまくいくのか、と僕は疑っていた。二〇一八年頃、日本から予約を入れてみた。予約番号とパスポートを一緒に窓口に出すと、いとも簡単に切符を手に入れることができた。支払いはネットではなく、駅の窓口になる。

高速道路の整備も進み、長距離バスも進化しているが、飛行機や列車ほどの進化は遂げていない。飛行機や鉄道の補完的な役割といったほうがいいかもしれない。春節や国慶節といった連休には、多くの長距離バスが運行されるが、これは飛行機や列車の席がとれないため。その意味でも補完的である。

そういった背景があるのか、ほかの国のようなバスの豪華化はあまり進んでいないように見受けられる。ネットでの予約も中国語のサイトになってしまう。

中国の長距離バスは、一般的な足といった雰囲気で、バスターミナルには、熱気はすでにない。客引きもまったくいない。窓口もすいていて、すんなりと切符が手に入ってしまう。通常の時期は、それほど混みあうわけではない。この本を読んで中国の長距離バスに乗ろうとすると、少し拍子抜けしてしまうかもしれない。

本書で紹介しているのは、中国の長距離バスがいちばん熱い時期だったようにも思えてしまう。

しかし中国で唯一、バスを頼りにしなくてはいけないエリアがある。新疆ウイグル自治区である。鉄道の密度が薄く、飛行機の便数もすくない。

厳しい検問も覚悟してほしい。漢民族はフリーパスなのだが、ウイグル人は何回となくチェックを受ける。テロを警戒しているのだが、日本人も非漢民族という枠組みに入れられてしまう。多いときで一日五、六回のチェックがある。

4章 ベトナム・ラオス

ベトナム側のイミグレーション出口で待ち構えていた運転手の説明では、ハノイ行きのミニバスはランソンという街から出るということだった。以前、このルートを通ったときは、ドンダンという国境にいちばん近い町までバイクタクシーで向かい、そこから列車でハノイに向かった。その列車は、線路端で待っている人が飛び乗れるほど遅く、ハノイまで九時間近くもかかってしまった。

アジアの列車に乗ってみると、急行や特急はそれなりのスケジュールで運行されているのだが、各駅停車となると、ほとんどやる気を感じないような列車に出合うことがある。待ち合わせでひとつの駅に平気で三時間停まったりするし、到着時刻が半日ぐらい遅れることもある。ベトナムの列車も同様で、ドンダンからハノイに向かう列車は、時速が二十キロにも満たなかったのだった。

そのくらいならバスということになってしまうのだ。アジアハイウェイの整備というのは、ある意味、アジアの実情にかなったものではあった。

ランソンまでのタクシーはひとり三ドルだった。到着したのはランソン市内の車の修理工場のようなところだった。そこにミニバスが二台ほど停まっていた。すでに乗客は乗りはじめている。どうも満席になって出発するシステムのようだった。ミニバス会社の男が、なかでチケットを売るから、と奥にあった薄暗いオフィスを指さした。久しぶりの英語のやりとりだった。

ハノイまでのミニバス代はひとり十五ドルだった。少し高い気がしたが、ベトナムの物価がまったくつかめていない状態では同意するしかなかった。国境を陸路で越えていく場合、このときの運賃交渉がいちばん難しい。国際空港を利用するときは、それなりの情報もあるし、利用客も多いから、空港で客引きなどと話していると、だいたいの金額がわかってくる。しかし陸路の場合は、相場が読みづらい。バス代をぼられやすいのだ。

しかし僕らは先を急いでいた。ベトナムからラオスを抜けてタイに行くつもりだったが、どんなルートでバスが走っているのかもわからなかった。ひょっとしたら、バス便はなく、車をチャーターしなければいけないかもしれないとも思っていた。

それらの情報はハノイで集めるつもりでいた。できるかぎり、ハノイに早く着きたいと思ったのはそのためだった。十五ドルという金額は、眉《まゆ》に唾《つば》をつけなければいけない金額だったが、想定内の額でもあった。ここで五ドルぐらいふっかけられていてもしかたないと思っていた。

だいたいベトナムにはかつて外国人向けの二重価格があった。列車代や飛行機代は、ベトナム人価格の一・五倍から二倍の高さだった。それを彼らは当然のことと思っていた。鉄道の駅には以前、英語で堂々とベトナム人料金と外国人料金が記されていたものだった。その後、飛行機と列車の二重価格は廃止されたが、バスの運賃は不明朗だった。買う場所によって違いがあった。

チケットをつくりながら、その男が訊ねてきた。

「ハノイからどこへ行くんだい？」

「ビンあたりまで南下しようと思ってる」

「ビン？　だったらここでチケットを買うといい。ひとり二十ドルだよ」

「ハノイから？」

「そう。それからどこへ行くんです？」

「ラオスに抜けようと思っているんだ。ビンからバスがあるかどうかわからないけど」

「それなら心配ない。今晩七時に国境まで行くバスがある」

「嘘だろ？」

「本当さ。たまたまこれから私もハノイに行く。知り合いのホテルを紹介するよ。そこに荷物を置けばいい。シャワーぐらい使えるよ。ハノイに行ったときは私もそのホテルに泊まらせてもらうんだ。バスに乗るまで面倒をみるよ」

「いくらなんだい？」

「ひとり三十五ドル」

一気に色めきたってしまった。これでハノイに泊まることなく、ラオスの国境まで行ける。ビンまで二十ドルだから、国境まで三十五ドルというのは、まあいい線だろう。ハノイの街を駆けずりまわり、ラオス方面へのバスを探す労力を考えれば悪い話ではなかった。ラオスに越境してからは、そこでなにかしらの交通手段を探さなければならなかったが、一気にそこまで進めることができればずいぶん楽だろう。

こういう話は、いまとなって冷静に再現していくと、どこかに綻《ほころ》びがみつかってくるものだ。あれだけ勘定高いベトナム人が、知人のホテルに荷物を預け、シャワーまで使わせてくれるなどというわけがなかった。たまたまハノイまで行くというのも疑ってみてもよかった。

しかしその場には、なにかそんな疑問を差し挟めないような空気が流れていた。

国境からランソンに向かう車のなかで、阿部カメラマンがこんなことをいった。

「ベトナムに入ると、なにかホッとするんだよな」

それは僕ら三人に共通した感覚だったように思う。いまの中国の旅はずいぶん自由になり、昔のように「ない」という意味の没有という言葉が飛び交ったり、公安が常に監視しているような雰囲気はない。しかし漢民族の社会は、ときに刺々しさが顔をのぞかせるのだ。バスターミナルで切符を買う列をつくるときもそうだ。いまではだいぶ減ったが、断りの言葉や笑顔ひとつなく、勝手に列に割り込んでくる人が少なくない。これをやられると、やはりむっとくるのだ。一軒の食堂に入り、注文に戸惑う僕らに露骨といってもいいような嫌な顔をされると、中国社会で生きていくことの厳しさのようなものを痛切に感じてしまう。

ところが国境を越え、時差の調整のために時計の針を一時間遅らせるベトナム社会では、急に人と人のあたりが柔らかくなる。日々の暮らしには笑顔があり、遠慮とか謙譲といった空気が流れている。タイやカンボジア、ラオスといった小乗仏教ともいわれる上座部仏教の国からやってくると、ベトナム人のきつい国民性にたじたじとなることは多いが、中国からやってくると、すべてを包み込んでくれるような優しさが際立つのだ。

しかしそこがベトナムの落とし穴なのかもしれない。思い返してみれば、僕はよくこの国で騙《だま》されている。以前、ホーチミンシティで力車ともめたことがあった。僕は、「三十」と交渉して乗った。ベトナムではよく下三桁のゼロを省いていうことが多いからだ。つまり僕は三万ドン、当時のレートで三ドルほどだと思っていた。しかし目的地に着いた力車夫は、

「三十ドルだ」

といい張った。ドンにすると三十万ドンになってしまう。それはないじゃないか、三万ドンを差し出したが、車夫は受けとろうとしない。路地裏に引きずり込まれた。ふとした隙《すき》に、力車夫は僕の眼鏡を奪ってしまった。姑息《こそく》な奴だった。払わなければ眼鏡を返さないというわけだ。後になって、この力車夫は、ミニホテルが集まるバックパッカー街であるデタム通りに屯《たむろ》する札付きの男だということがわかったが、僕はすっかり騙されてしまった。嫌だったのは、その一部始終を眺めていた力車夫がいたことだった。三十ドルをとられ、腹立たしげに路上に立つ僕に近づいてきた。

「どこまで行きます？　俺は彼みたいなワルじゃない。安くしとくよ」

ベトナムはなんと厳しい社会かと思ったものだった。

そういう経験をしているというのに、再びベトナムにやってくると、彼らの笑顔に幻惑されてしまうのである。いや、多くの人が本来の笑顔を湛《たた》えているのだが、そのなかに怪しげな奴が紛れ込んでいるのだ。

しかしハノイに向かうミニバスに乗った僕は、騙されていることなど考えてもいなかった。ミニバス会社の男は、その言葉通り乗り込んできた。さして広くはない車内に人やら荷物やらがぎゅうぎゅうに詰められ、ハノイに向かうアジアハイウェイを南下していく。道路標識からハノイまでは百四十キロほどあることがわかる。ひと区間五百キロを超える中国のバスを乗り継いできた僕らにしたら、それは隣街にいくほどの距離感である。ミニバスはノンストップだからさすがに速い。九時半にランソンを出発し、十一時半にはハノイに着いてしまった。昔、九時間もかかった列車は、いったいなんだったのだろうか。ミニバスはハノイ市内のリトルハノイホテルというミニホテルの前で停まった。バス会社の男と一緒に降り、僕らはそのロビーで休ませてもらうことにした。

ハノイは街歩きが楽しい。通りによって時計屋だけが並んでいたり、ワッペンだけが店頭を埋めたり……といったつくりになっている。その間に米でつくるフォーという麺を売る店やカフェがある。角を曲がるたびに、おっ、ここは墓石通りだ、あそこから向こうはバッグ屋街か、と歩くことができる。中国の街はやたら大きく、あの角を曲がろうなどとはとても思えないところが多い。ときどき忘れられたような胡同《フートン》というかつての中国の下町風情《ふぜい》に出くわしほっとすることもあるが、そんな一画が次々に壊され、ビルが建てられるのがいまの中国である。それに比べると、ハノイの旧市街は、ベトナムの街なのである。

街歩きに少し疲れ、僕だけホテルに戻った。阿部カメラマンと橋野君は、なにか食べて帰るという。夕方のバスが出発するまでにはまだだいぶ時間があった。ロビーで休んでいると、フロントで働くスタッフが話しかけてきた。ロビーといってもミニホテルの広さだから、彼はフロントにいながら僕と会話ができる。

「ビエンチャンですか？　それともサワナケート？」

ともにラオスの都市であることはわかった。ビエンチャンは首都で、サワナケートは南部の中心都市である。しかし彼がなにをいっているのか瞬時にはわからなかった。僕らが夕方七時のバスにここから乗ることを彼は知らされていたのだろう。しかしラオスの国境までなのだ。不審げな面もちを察したのか、彼は言葉をつづけた。

「ハノイからは毎日、ラオスのビエンチャン行きとサワナケート行きのバスが出てるんですよ。それに乗るんでしょ？」

混乱した。国境までのバスということで三十五ドルを払ったのだ。しかしそのバスの行き先はビエンチャンとサワナケートだという。僕らはビエンチャンに行こうとしているわけだから、そのまま乗っていればいいことになる。しかし国境までの運賃しか払っていない。ということは、僕らだけ国境で降ろされるということなのだろうか。

「待てよ。ひょっとしたら、三十五ドルという金額は……」

それはこれまで何回となく、アジアで騙されてきた旅行者の勘のようなものだった。実は三十五ドルという運賃はビエンチャンまでのものではないか。そもそも国境までという運賃設定などなく、終点までの運賃を口にしただけではないか。とすると、バスに乗る前に交渉したほうがいい。僕らは国境で降りずにビエンチャンまで行く……と。そのあたりを確認したかった。しかしこのフロントに立つ若者がどこまで知っているのか

ハノイの夕暮れ。路上店の椅子は低い。そこに座ってハノイの街並みを眺める。気に入っているシチュエーションだ

ホテルのスタッフは僕らが騙されていることを知らない。でも仕事中に遊ぶなよ（リトルハノイホテル）

わからなかった。

「ビエンチャンに行くんだけど、サワナケートはいくらなんです？」

考えた末での質問だった。しかしフロントの若者は、僕の動揺など意に介さないといった態《てい》でこういったのだった。

「運賃は旅行会社に訊《き》かないとわからないな。会社によってけっこう違うから」

サワナケートまでの運賃がわかれば、ビエンチャンまでもだいたいわかる。その金額をベースに交渉しようと思ったのだ。しかし話はそう簡単に進まなかった。戻ってきたふたりと相談してみた。

「どうも僕らが乗るバスはビエンチャンかサワナケート行きらしいんだ」

「ってことはラオスまで行ってしまうってことですか」

「国境で降ろされなければね」

「ずっと乗っていましょうよ。そのほうが楽だし」

「たしかにそうなんだけどね……」

僕ら三人を水戸黄門一行になぞらえれば、僕は髭《ひげ》の白い黄門様ということになるのだが、内実は一介の会計係でもある。この旅を共同通信の記事や本にまとめるとき、どうしてもその運賃を明記しなくてはならないのだ。そんな苦労を知っているのかいないのか、ふたりはのんきに構えている。

だいたい乗るバスの目的地すらわからないのだ。だが幸いなことがあった。ビエンチャンに行く道も、サワナケートに進むルートも、どちらもアジアハイウェイだったのだ。ハノイから南下してビンまではアジアハイウェイの一号線である。そこからラオスに向かう道はアジアハイウェイの十五号線だった。この十五号線はラオスのタケクで終わり、そこから南北に延びる道が十一号線だった。北に行けばビエンチャンで、そこからタイ国内に延びる十二号線につながる。南下したところにあるサワナケートからタイに入れば十六号線になる。どこを通っても、アジアハイウェイであることに変わりはなかったのだ。

だが僕らはどこへ行くのだろうか。これまでもあてずっぽうな旅はずいぶん体験してきたが、やはり気にかかる。しかしそれを確認する相手も時間もなかった。

夜七時、予定通りバスがホテル前に到着した。空調の効いたなかなか立派なバスだった。僕らに切符を売ってくれた男は現れなかった。一応、切符は受けとっているが、そこには目的地は書き込まれていない。バスの座席はすでに半分ほど埋まっていた。ハノイからラオスに向かう人がこんなにいるとは思わなかった。

ところがハノイを出発したバスのなかで、新たな不安のなかに放り込まれてしまった。隣に座った欧米人の男性が行き先を訊ねてきた。僕はなんの疑問も抱かずに、ラオスというと、彼の顔に戸惑いの色が広がった。

「俺の行き先はフエなんだ」

「フエ？」

車内ではあちこちでそんな会話が交わされていたらしい。皆、なんの説明も受けずにこのバスに乗せられたのだが、隣に座る客に訊くと皆、行き先が違うのである。フエ、ダナン、ホーチミンシティといったアジアハイウェイ一号線の街なら、南下するという方向は同じだからそれほど動揺はしない。しかし僕らのように、ラオスなどといわれると混乱してしまう。まさかこのバスはフエやダナン経由でラオスに向かうわけではないだろう。

だがその不安は、夜の九時に到着したドライブインで解決した。運転手から食事だと促されて降り、焼きそばを頬張っていると、一台、二台とそこにバスが到着したのだった。わかったのは、ここで乗客の入れ替えがあるということだった。どういうルートになっているのかわからなかったが、ハノイ市内のあちこちから客を乗せたバスがここに集まり、それぞれの目的地によって振り分けをして出発するのである。ベトナム人という民族は、なかなか知恵が働く人々なのだ。

「そういうことだったんだ」

ほっとした言葉を口にすると、橋野君がこんなことをいうのだった。

「小学生の頃、『ミス・サイゴン』っていうミュージカルを観たんです。内容はまった

ハノイ南郊のドライブイン。ここで乗客の入れ替え。ホーチミンシティ行きのバスは立派だったのだが……

く覚えていませんけど、サイゴンって地名だけはインプットされて……。そのサイゴンって、ホーチミンシティのことだったんですね」

「………」

僕がバスの行き先で悩んでいたとき、彼はそんなことを考えていたのだ。まあベトナムははじめてという日本人にしたら、無理のないことかもしれなかった。ミス・サイゴンを連想しただけ、彼は立派だったのかもしれない。三年ほど前、大学生を連れてバングラデシュに行ったことがあった。ビザをとるために大使館に出向いたが、その大学生のひとりは、大使館に着くまで、バングラデシュはカンボジアのことだと思っていた。

「だって発音が似てるじゃないですか」

「いったいどこが似てるんだよ」

彼女は前日まで、ネットでカンボジア関連のページを開き、勉強していたのだという。やはりアジアの土を踏むことは大切なことだと思う。少なくとも、頭に描くことができるアジアの地図や地名ぐらいはしっかりしてくる。まあ、だからといってそれが仕事になるわけではないんだけどな……とアジアばかり歩いてきたおじさんは溜め息をついてしまうのだが。

「ラオ、ラオッ」

運転手の声を頼りにドライブインの駐車場を進むと、やや小振りのバスがぽつんと停まっていた。古い韓国製のバスだった。ボディには『Welcome to Cheju Island』という文字が残されていた。以前は済州島《チェジュ》を走っていたバスらしい。ナンバーを見ると、ラオスのプレートが掲げられていた。どういう手つづきがあるのか、あるいはないのかは知らないが、ラオスの車はそのままベトナムに入り込んでしまっていいようだった。

乗り込むと饐《す》えたような、鼻腔《びこう》をつんと突く刺激臭に包まれた。奥を見ると、なにかが入った麻袋が後ろから五列ほどを占領していた。

「ニンニク？」

「みたいですね」

橋野君が顔をしかめた。

ドライブインで乗り換えたバス。後ろの荷物の下はぎっしりのニンニク。しっかり臭ってきます

バスにはすでに何人かの客が乗っていた。彼らはハノイからこのバスに乗ってきたようだった。前列がラオス人でその後ろに数人の欧米人が座っていた。僕ら日本人三人組に残されていたのはいちばん後ろの席だった。つまり積まれたニンニクのすぐ前の席だった。今夜はニンニクの臭《にお》いに包まれて眠らなければならないようだった。

不思議なバスだった。発車して間もなく、ビデオが流されたのだが、それは韓国のドラマだった。バスに韓国のビデオもついたままラオスに輸出されたのかとも思ったが、数秒後には吹き替えられたラオス語が流れた。韓国語の後でラオス語が流れるのだ。いったいどういう操作をすれば、こういうことができるのだろうか。

しばらくすると、ひと仕事終えた車掌が、通路に一枚のござを敷いて寝はじめてしまった。これがラオスの夜行バスの流儀のように、車掌はなんの疑いもないそぶりだった。そうこうしているうちに、前に座っていたラオス人の中年女性客まで通路に横になって寝はじめてしまった。横に座る欧米人の女性は、いったいなにが起きるのかと目を丸くしていた。自分の席の横で、男がシャツを脱ぎ、床に寝そべるのは気持ちがいいものではないのだろう。その向こうには中年とはいえ、女性まで通路に寝ているのだ。外に出ようと思ったら、ごろごろと寝転ぶ男や女をまたいでいかなくてはならない。これまでいろいろなアジアのバスに乗ったが、これほど大胆に通路で職員や客が寝ることははじめての体験だった。すべてがラオスの流儀に車内が染まっていた。それは気持ちがいいほどだったが……。

気になることがあった。このバスはラオスに向かうことはわかったが、ビエンチャン行きなのかサワナケート行きなのか、いまだにはっきりしないことだった。運賃も気になった。欧米人の連中がいったいいくらでこのバスの切符を買ったのだろうか。いまひとつ釈然としなかった。しかしこのバスの運転手は僕らの切符を確認するわけでもなく、降りる地点を訊くわけでもない。なんだか全員がラオスに行く雰囲気なのだ。

暗くなった車内で前の席に座るカナダ人の男に英語で小声で訊いてみる。

バス通路に車掌が寝るのは
ラオスの常識。通路サイズ
のござや枕も用意。立派

「このバスはどこ行きなの？」

我ながら間抜けな質問だと思った。行く先もわからずにバスに乗っているアホな日本人と思われなくもなかった。まあ、その通りでもあったのだが。

「ビエンチャンだよ」

「サワナケート行きもあるって聞いたんだけど」

「サワナケート？　どこだい、そこは」

これ以上訊かないほうがよさそうだった。ビエンチャンならビエンチャンで、僕らは問題はないのだ。しかしハノイのホテルのロビーで聞いたサワナケート行きはどこを走っているのだろうか。客が少なく、今日は運行が中止されたのかもしれない。いろいろ考えないほうがよさそうだ。これはラオスのバスなのだ。

「このバスの切符、いったいどこで買ったんです？」

「ハノイの旅行会社だよ」

「いくらで？」

「俺は十五ドル。でも前にいる奴は十六ドルで買わされたといって怒ってた」

「………」

やられていた。ランソンのミニバス乗り場の男だった。ビンまで二十ドル、国境まで三十五ドル……よくもいい加減な金額を顔色ひとつ変えずにいえたものである。このバスの乗客は、ハノイからラオス国境までの倍ほども遠いビエンチャンまで十五ドルのチケットを手に入れていたのだ。やはりハノイまで来て、ラオス方面のバス切符を買うべきだった。僕は先を急ぎすぎていた。

「すまん」

ニンニクの臭気のなかで座る阿部カメラマンと橋野君に頭をさげた。しかしベトナム人は詰めも甘かった。本当に騙すならビエンチャンまで五十ドルぐらいを吹っかけてもよかったのだ。あの場の雰囲気では、五十ドルでも買っていた気がする。ビンまで二十ドルといったから国境までは、三十五ドルということにしてしまったという流れだったのだろうか。三十五ドルももらえば、後はもうなんでもよかったのか。しかしこうなった以上、もう引けなかった。国境に着き、

「あんたたち日本人はここまでね」

といわれても、断固としてバスの椅子に座りつづけるつもりだった。少しでも三十五ドルをとり返さなくてはならない。十五ドルのチケットを三十五ドルで買ってとり返すもなかったが、それしか方法はなかった。厳密なことをいえば、これを無賃乗車というのだろうか。

しかしこのバスの運賃は実に不透明だった。翌日、前の座席にタイ人のカップルが座っていることに気がついた。彼らに訊くと、ハノイの旅行会社で二十五ドルで買ってい

た。ところが彼らはこういうのだった。

「二十五ドルも出したのに、夜になって冷房を切ったでしょ。サービスがなっていないんだから」

おまえらは冷房さえ使えば五十ドルでも払うのか、といいたくなったが、ひょっとしたら最前列に座るラオス人は十五ドル以下の値段でチケットを買っている可能性もあった。あまりにアジアなバスだったのである。

僕ら三人に与えられた席は、後部の四つ分だった。実は中国の憑祥《ピンシアン》あたりから僕は風邪気味だった。それを気遣って、彼らはふたつ分の席を僕に譲ってくれた。それに甘えて体を横にしたのだが、このおじさんは倍以上に吹っかけられたチケットを買い、風邪をひいてしまうという足手まといを演じていた。黄門様どころか、とんでもないお荷物なのかもしれなかった。ニンニクの臭いのなか、熱っぽい体をバスの椅子に横たえながら、彼らふたりへの申し訳なさがこみあげてくる。僕はもう、アジアの過酷な旅から引退したほうがいいのかもしれない。

しかしバス体質にすっかり染まっている僕は、風邪も手伝ってこんこんと寝入ってしまった。実はその夜、阿部カメラマンと橋野君は、足の下で蠢《うごめ》くものに眠気を妨げられることになる。どうもニンニクの臭いに引き寄せられたのか、ネズミも乗り込んでいたらしいのだ。それが床の上を走りまわっていたという。ニンニクの入った袋の下には、

ベトナム側国境の町カオチェオ。宿場町風

ジャガイモが積まれていたらしく、その袋がネズミの歯で食いちぎられたのか、床をジャガイモがごろごろと転がり、それが足に触れると、ネズミではないかとつい目が覚めてしまったらしい。そんなことも知らずに、僕は椅子ふたつ分のスペースに体を折り曲げて寝入ってしまっていた。

気がつくとバスは国境の手前で停車していた。時計を見ると五時少し前だった。国境が開くのを待っているらしい。山のなかの峠道で、しだいに白みはじめる空が目にしみた。眼下には雲海も広がっている。

なんだか体も軽かった。バスのなかで風邪をひき、バスのなかで治していくのかと思うとちょっと切なかった。

阿部カメラマンと橋野君は、狭い椅子のなかで寝入っている。山並みの間に差し込む朝の光はうっとりするほどだった。この光のなかの山々を撮るために、阿部カメラマンを起こさなければいけないのかもしれないが、僕にはとてもできそうになかった。少しでも眠ってもらおうと、ベトナムとラオスの国境につづく山々を眺めながら呟《つぶや》いていたのだった。

これまでいくつものアジアの国境を通過してきたが、その景観ではトップクラスに入る国境だった。

七時にはベトナム側のイミグレーションが開いた。運転手から、「ここまで」といわれるのではないかと気を揉《も》んでいたが、彼らはそんなそぶりすら見せなかった。こちらからいうのはやぶへびもいいところだから、僕らはなに食わぬ顔で、ベトナムを出国するイミグレーションの列に並んだ。

ここからバスと乗客は別の流れになった。なにしろこのバスは後ろの座席にニンニクやらジャガイモ、そしてネズミまで積んでいるのだ。いってみれば半分はトラックなのであって、その通関検査があるのだろう。

ベトナム側のイミグレーションで出国審査を終えて、建物を出ると、その前は広場のようになっていた。一本の坂道があった。どうも峠のピークにベトナム側のイミグレーションがあり、そこから坂道をくだったところにラオス側のイミグレーションがあるよ

ラオスのイミグレーションに向かって坂道をくだる。イミグレーションの建物が山小屋のように見えた。ラオスだなぁ

うだった。分水嶺《ぶんすいれい》から流れ落ちる川に沿って道はつくられているようだったが、イミグレーション前の広場からは、眼下にあるはずのラオス側の建物は見えなかった。

風邪も抜け、気分は軽かった。僕は思い切り深呼吸をしてみた。ベトナムとラオスの間につづく山岳地帯を覆《おお》う木々が発する精気のようなものが、肺にスーッと入り込んでくる。山の頂だけに朝陽が当たっている。その眺めに目を細めながら、ラオスに向かう坂道をくだりはじめた。いい国境だった。その距離は一キロほどあっただろうか。やがて谷に沿って門らしきものが見えた。そこがラオスのイミグレーションのようだった。

ラオスに入国し、通関を終えたバスに

再び乗り込んだ。

道は突然の悪路になった。これまでのアジアハイウェイはすべて舗装されていた。道幅もそれなりにあり、最低でも片側一車線が確保されていた。しかしラオスの山中につくられた道は、雨季にはとても通りたくないような未舗装路だった。もっとも、よく見ると、舗装の跡も見える。おそらくいったんは整備したのだろうが、大雨で崩壊してしまったようだった。

窓から下をのぞくと、吸い込まれそうに深い谷があり、その底に透明の水が流れている。アジアの川は、大量の土砂を含んでいるので褐色に濁っていることが多いのだが、メコン川の支流であるこの川は、それほど長くはないようだった。バスは土砂崩れが起きた道をそろそろとくだっていく。しだいに気温があがってくるのがわかる。

しかしそんな悪路も一時間ほどで終わってしまった。急に盆地のような平地に出た。少数民族の高床式の家が点在し、陸稲《おかぼ》が色づいていた。周りを奇岩で形づくられた山々で囲まれた村は、音ひとつしないような平和な空気に包まれていた。かつて水牛が歩いていた道が舗装され、アジアハイウェイに昇格していた。そこを僕らを乗せた国際バスが走り抜けていく。おそらくこの後を、バスの後で通関したトラックが、追いかけるようにやってくるのだろう。

アジアハイウェイの計画に反対するつもりはない。が、調印した二十三カ国の経済力

貴重なアジアハイウェイ未舗装路（ラオス）。いい道をつくると来年の仕事がなくなるというアジアの論理

ラオスのバスだが、ベトナム語の行き先表示もあった。冷房付きだが、昼間、気温があがったときしか使わない節約バスだった

はずいぶん違う。このエリアでいえば、頭ひとつかふたつ抜けた中国とタイがあり、それをベトナムが追いかけている。ベトナムとラオス、タイを結ぶ道が整備されても、ベトナムとタイの間を物資が行き来するだけで、ラオスという国にはなにひとつ恩恵が与えられないのではないかという気にもなってくるのだ。舗装された道を通り抜けるトラックを、ラオスの人々は指をくわえたまま見つめるだけではないのか、と思えてしまうのである。

日本の農村に完成した立派な舗装道路を思い出していた。現金収入が少ない農民にとって、道づくりという公共事業がもたらす収益は大きかった。しかし道ができあがった後、村を離れる人が目につくようになってしまう。完成を待ち望んでいた道を通って、人々は村を離れていってしまったのだ。日本の農村を襲った過疎《かそ》の波。それを食い止めようと企画された道路づくりは、そんな皮肉な結末を生んでしまった。アジアハイウェイとは、日本の農村の過疎化をアジアレベルで展開しているだけではないのかとも思えてくる。もしそんな現象が生まれるのなら、それはラオスという国に違いなかった。

緑の濃い山々の間を縫うような道がくねくねとくだっていた。その向こうに平地が見え隠れする。あのあたりをメコン川が流れているのだろうか。こうして眺めると、平地のほとんどはメコン川の対岸、つまりタイ領である。どこかラオス人だけが山がちな土地に押し込められたような気がしないでもない。あまりに露骨なインドシナのパワーバ

音もしないラオスの村が広がる。アジアハイウェイができても、タイとベトナムのトラックが通りすぎるだけという現実

メコン川に沿った道に出た。急に気温があがる。ラオスの道は、まだ渋滞というものを知らない。いい時代だ

ランスである。そのなかでラオスの人々は豊かになっていけるのだろうか。アジアハイウェイはそんな矛盾も抱えているのだった。

バスはメコン川に沿った平らな道に出た。そこから四、五時間走っただろうか。午後の三時、ビエンチャン郊外にあるバスターミナルに到着した。僕らが降りるときも、運転手はなにもいわなかった。それどころか、彼らは積み込んだニンニクをどう降ろすのかで悩んでいるようだった。

「ビエンチャンまで来ちゃいましたね」

阿部カメラマンが声をかけてきた。

「ラオス内での無賃乗車は大成功ってことなんだろうか。なにか釈然としないけどね。国境で両替したラオスの金もほとんど使ってないんだよ」

「これですぐにタイでしょ」

「あんまりここに長くいると、切符の話が出てくるかもしれない。早くこのバスターミナルから離れたほうがいいだろうな」

バスターミナル前で客待ちするトゥクトゥク（バイクの後ろに座席をつけたタクシー）の運転手と交渉し、メコン川に架かる友好橋をめざした。そして一時間後にはタイに入国していた。

朝八時にラオスに入国し、午後四時には出国。たった八時間しかラオスに滞在しなかった。これで休日割り増し代も含めて、ビザ代が三十二ドルというのは高い気もしたが、その一方でなんだかラオスに悪い気もした。しかし、これがこの国の立ち位置なのかもしれなかった。ラオスの宿命といったら、ラオス人はいい顔をしないだろうが。

コラム　ベトナムバスで家庭料理

ベトナムの長距離バスは、この旅の後もかなりの回数、乗っている。ベトナムは南北に長い国で、そこを走る長距離バスにはひとつの傾向がある。幹線はホーチミンシティとハノイを結ぶ路線である。道も整備され、大型の長距離バスが運行されている。しかしこの路線は、列車やＬＣＣとの競合に晒されている。勢いはやはりＬＣＣ。キャンペーンなどを使えば、長距離バスより安くなることもあるという。

この旅以降、僕がよく乗っているのは、この幹線ではない。幹線に沿った街からカンボジアやラオスの国境方面に向かうバスが多いだろうか。この路線はそう長くない。ベトナムは南北に長いが、東西の路線は夜行バスが走るほどではない。

この路線を走るバスは、中型・小型化傾向にある。マイクロバスタイプのバスといっていい。プノンペンからメコン川をくだってベトナムに入国しチャウドックという街からホーチミンシティに向かったときもそうだった。ハノイからラオスとの国境に近いディエンビエンフーへ行くときもマイクロバスタイプのバスに乗った。

この種のバスは正式に認められているようで、大きな街ではバスターミナルのなかに乗り場があり、切符は窓口で買うシステムになっていた。

マイクロバスタイプのバスは便数も多く、気楽に乗ることができるが、乗客はかなり詰め込まれる。身動きができないほどになることも少なくない。しかし走る時間がそう長くない。半日程度が最長だろうか。これならなんとか耐えられるといった距離である。

幹線に沿った街に寄りながら、南北に移動したことも何回かある。人口が多い一帯で、大型バスに乗ることになる。路線によっては夜行バスになる。バスの運賃にもよるのだが、多くが食事がついている。これがなかなか楽しい。

街道に沿った食堂に入るのだが、用意されている大きな丸いテーブルに乗客が好き勝手に座る。店は大皿に盛った料理やスープを次々に出してくれる。

旅というものは得てしてそうなのだが、一般の人が家で食べている料理をなかなか味わえない。しかしこういった食堂で出される料理は庶民向け。肉を使った炒め物、魚料理、卵料理、サラダ、スープなどはどれも家庭の味だ。ご飯やスープは専用の器に入れられて、どんとテーブルの上に置かれる。客は全員、面識がないのだが、そのなかから自然と、それぞれの器によそう人が決まる。若い女性がいると、彼女らが率先して盛りつけ係になる。

ベトナム人はよく食べる。太った人はあまりいないが、必ずご飯はお代わり。女性も二杯は食べる。日本にいると、ご飯をお代わりすることはまずないのだが、皆につられて、器を出してしまう。皆にすすめられることも多い。言葉は通じないが、「ご飯をもう一杯どうぞ」というわけだ。若い女性が笑顔で目くばせしてくる。断りにくいのだ。

なんだか知人の家庭でご馳走になっているような気分になってしまう。

ラオスは鉄道がまったくといっていいほどない国だから、バスが頼りになる。しかしそこにはラオスの流儀がある。

一度、ノーンキャウという街からルアンパバーンまでバスに乗ったことがあった。出発前に街のはずれにあるターミナルに向かった。出発時間になった。しかしバスの運転手はしきりと電話をかけている。ラオス語はタイ語に似ているので内容が少しわかる。

「まだ二席残っているから乗らない?」

と客を集めていた。電話を受けた人はそれからしたくをするわけだから、出発時間は三十分から一時間は遅れる。ラオスのバスだと実感するときでもある。

5章　タイ・ビルマ（ミャンマー）

ラオスからタイのノンカーイに入国し、その足で南下を開始した。コンケンに着いたのは夜の八時半だった。

バスターミナル近くのホテルに入り、その斜め前にあったタイでムーガタと呼ばれる焼き肉屋に入った。

これはジンギスカン鍋のような山型鍋の斜面で肉を焼き、裾《すそ》にスープを入れ、そこで野菜や麺を煮るというスタイルだった。僕の記憶ではタイでは九〇年代以前からこの鍋があったと思う。その頃、韓国の焼き肉や日本のジンギスカン鍋の世界では、裾にスープを入れるスタイルがなかったように思う。タイ人が考案した鍋のような気がするのだ。ところがいまでは韓国や日本でもこの型の鍋が人気だという。勝手な想像力を働かせれば、タイ人が韓国あたりで山型鍋に出合い、これとタイスキを合体させたようなスープも入る鍋を考案し、それが韓国や日本に逆輸入されていったようにも思うのだ。

タイでこの鍋が広まっていったのは、食べ放題をとり入れてからである。それもとんでもなく安い食べ放題だった。僕らがコンケンで入った店は、ひとり八十九バーツだった。二百七十円ほどで食べ放題なのである。肉の焼ける音を聞きながら、僕はつくづくと、

「タイって楽だよな」

と思うのだった。

アジアハイウェイを辿って、韓国、中国、ベトナム、ラオスと進んできた。かつての悪路を走るつらいアジアのバスはすっかり姿を消していた。とくに中国がすごかった。日本の高速道路にも引けをとらない立派な道が張りめぐらされ、その路線網はどんどん広がっていた。ベトナムとラオスを結ぶ国際バスの運行もはじまっていた。アジアのバスの旅はずいぶん快適になっていた。しかしそんな快適さとは別の楽な感覚……。タイという国はそれをもっていた。

たしかに僕はタイに住んだことがあるし、満足とはいえなくてもタイ語を勉強もした。橋野君によると、メコン川に架かる友好橋を渡ったとたん、僕の動きが変わったというが、そういった慣れを差し引いても、タイは楽だと思うのだ。

こんなことがあった。友好橋を渡った僕らは、ノンカーイのバスターミナルまでトゥクトゥクで行くことにした。運転手たちに囲まれ、料金交渉がはじまった。ひとりが九

十バーツといい、僕が五十バーツでどう……と値切る。少しの沈黙があり、ほかの運転手は六十といって手を挙げた。そこで手を打つか、と頷《うなず》こうとすると、横にいたおじさん運転手がこういったのだった。

「ひとり三十バーツでどうだい」

そこでまた一瞬の沈黙があった。三十バーツ？　安いではないか。しかし僕らは三人いる。……ということは九十バーツ。どっと笑いが起こった。せっかく九十バーツを六十バーツまで値切ったというのに、これでは元通りである。運転手たちが声をたてて笑った理由はなんだったんだろうか。場の状況をつかんでいなかった惚《ぼ》けたおじさんを笑ったのだろうか。あるいは僕らをからかって笑い声をたてたのだろうか。すると調子に乗ったほかの運転手がおどけた顔で口を挟みはじめるのだった。

「ひとり五十だ」

これでまた笑うのである。こうして今度は値段があがりはじめる。タイ人はどこか人生を遊んでいるようなところがある。料金は六十バーツで決まっているのだが、それを肴《さかな》に遊ぶのである。暮らしの余裕があるのかもしれないが、刺々《とげとげ》しさがすーッと消え、こちらの頬もつい緩んでしまうのだ。人生を甘く見ている気がしないではないが……。

ノンカーイからコンケンまで乗ったバスではこんなこともあった。そのバスはバンコク行きで、途中から次々に客が乗ってきて、車内に立つ人も目立つようになってきた。

僕の横には胸の谷間がはっきりと見える服を着た若い女性が立っていた。冷房の効いた車内でうとうとしていると、囁《ささや》くような声で目が覚めた。女性の横には男の車掌が寄り添うように立っていたのだ。

「ここに座っている外国人はコンケンで降りるから、この横に立っていればいいよ」

車掌はこの女性から携帯電話の番号でも聞き出そうといったそぶりで耳許で囁いているのである。周りには男や中年女性も立っていたが、そこには聞こえないようにそっと耳打ちしているのである。この車掌も、仕事そっちのけなのだ。関心は女性にしか向いていない。困った奴らだが、そういう世界に入り込むと、どこかアジアハイウェイを走破するという緊張も霧散していってしまう。やはりタイという国は楽な国だと思う。こんなところが気に入って、僕はバンコクに暮らしてしまったのだ。

僕らはタイの西端のメーソトをめざしていた。そこからアジアハイウェイはビルマ（ミャンマー）に抜けていた。タイ国内には何本ものアジアハイウェイが走っていた。一号線はベトナムを南下し、カンボジアを横切ってタイに入り、メーソトからビルマに向かう。僕らはベトナムのビンから十五号線に入り、十一号線、十二号線という近道を進んでいた。しかしタイに入国したノンカーイのバスターミナルで少し悩んでしまった。ノンカーイからコンケンまで南下し、そこから十六号線を西に進めば、一号線に合流し、メーソトまで行くことができることはわかっていた。しかしそこを通るバス便に不安が

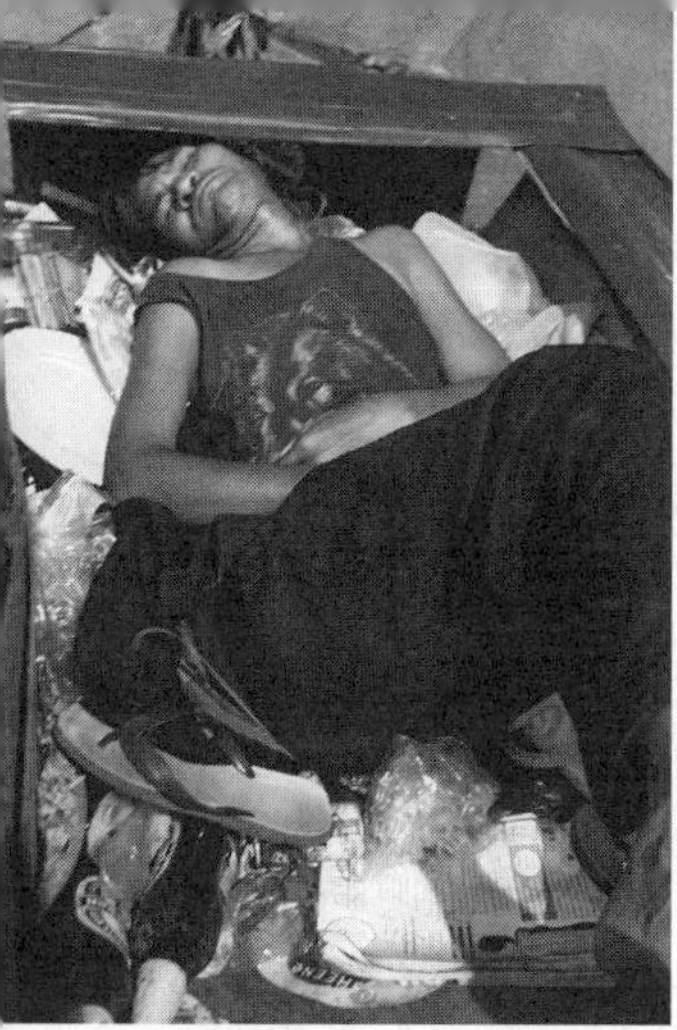

コンケン市内。こういう男を見ると、タイの進み具合に沈黙してしまう

バスを停め、祠に祈る運転手の勝手（コンケン）

コンケンからピッサヌロークへ。こういう道が有料道路ではないというのがタイのすごいところだ

残っていたのだ。

タイという国は、すべてがバンコクという首都に集中していた。それはバスルートも同様で、バンコクが国全体のターミナルになっていた。つまりノンカーイから夜行バスでバンコクに出、そこからメーソトに向かったほうがスムーズに接続する可能性が高かった。しかし中国を出国してから、ベトナム、ラオスと一泊もせずにバスに揺られてきた腰は、そろそろホテルのベッドが恋しくなっていた。まあ、なんとかなるだろう、という勢いでコンケンまで来たのだが、バスターミナルで翌朝のバスを確認すると、やはり不安は的中してしまった。コンケンからピッサヌロークまではバスが一時間に一本ほどの割合であるのだが、その先を訊《き》くと、

「わからない」

といういかにもタイ人らしい答えが返ってきてしまった。説明では、ピッサヌロークからタークまで行き、そこからメーソト行きに乗るというのだが、バス会社の職員がわかっているのは、ピッサヌロークまでで、その先は時刻はもちろん、バスが運行しているのかどうかもわからなかった。

「それでもバス会社の職員かッ」

と問いただしたいところだが、そんなことをいってもなんの見返りもないことは、タイに足かけ二年弱暮らした僕はよくわかっていた。明日のことは明日にならなければわ

僧侶もバスを待つ。どんなに小さなバスでも僧侶用の専用席がある。仏教の国だ（コンケンのバスターミナル）

バスを待つ生徒が道にあふれる。最近のタイの学生の態度は悪い。一緒のバスに乗りたくない（ピッサヌローク）

からないように、その先のバスは、次のバスターミナルまで行かないとわからないのだ。こういう国では、まあ、なんとかなるだろう、とこちらも構えないと胃を壊してしまう。

翌朝、僕らは朝八時のピッサヌローク行きに乗った。チケットは百八十八バーツ、五百六十円ほどだ。たっぷり午後二時まで山道を揺られてピッサヌロークに到着し、バスターミナルで訊くと、メーソト行きがあるという。しかしやってきたのは一般のバスではなく、マイクロバスだった。タイではこの種の車をロットゥーと呼ぶ。正式に認可されたバスとは違い、客が集まればどこへでも行く融通性をもっていた。おそらくバス路線の隙間《すきま》を縫うように、客を集めて運行していたマイクロバスが、いつの間にか定時運行になってしまったのに違いなかった。しかし途中のタークでバスを乗り継がなくてはいけないと思っていた僕らには好都合だった。

運転手は私服で、勝手気ままにぶっ飛ばした。ピッサヌロークからメーソトまでの約二百三十キロの道を、四時間で走り抜けたのだった。途中、ラングーン（ヤンゴン）まで六百七十キロという表示が出て、一瞬、色めきたった。アジアハイウェイ構想には、タイ政府が深くかかわっていた。メーソトに向かう道路に、ラングーンまでの距離を表示したのはその意思を形にしたような気がしたからだ。

東京駅の八重洲《やえす》口をバスで出発してから、ずっと気にかかっていることがあった。そ

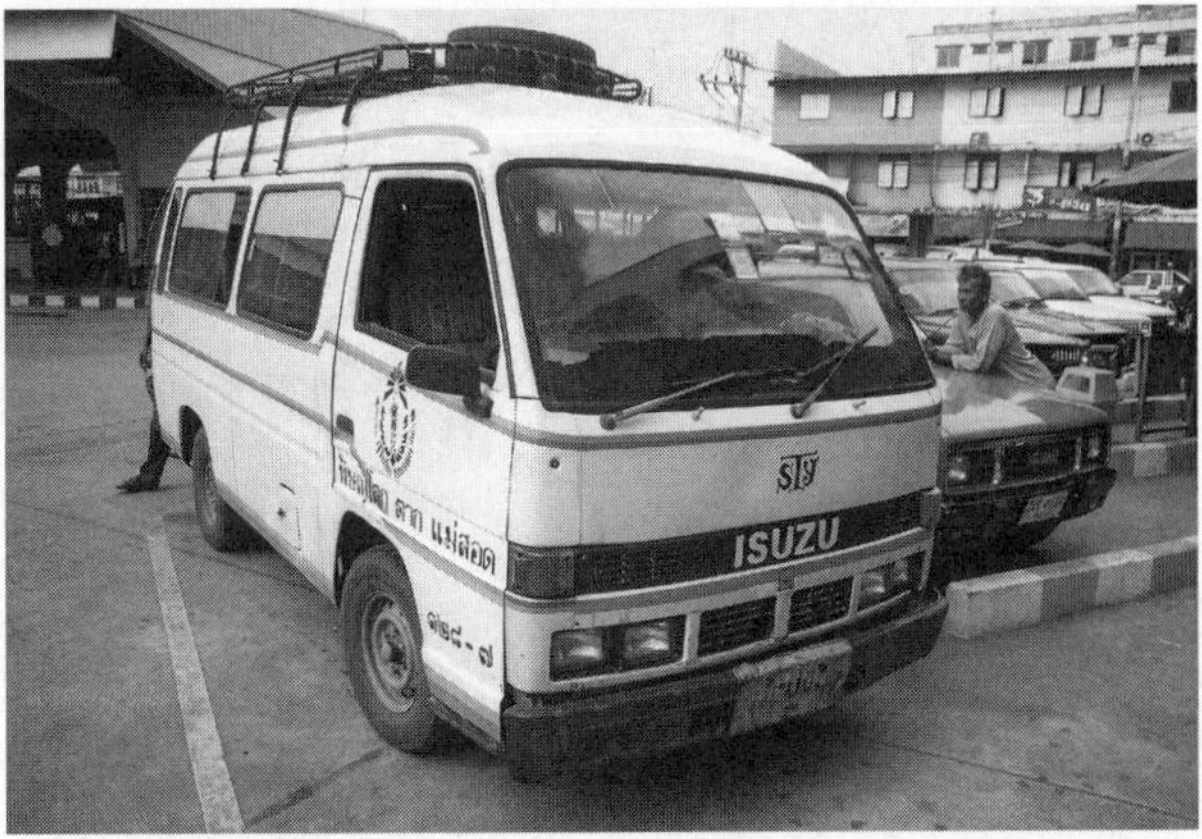

メーソトまで乗ったロットゥーというマイクロバス。けっこう怖いぞ

れはアジアハイウェイに表示されるという『AH』というマークだった。常に細心の注意を払っていたわけではないが、いまだにひとつも目にしていなかった。あるとしたらタイ……。そんな気がしたからだ。

荒い運転に体を任せながら、窓の外に目を凝《こ》らす。しかし見えるのはメーソトまでの距離表示ばかりで、しだいに陽も暮れはじめてしまった。

やはりないのだろうか。

そんな思いを乗せたまま、マイクロバスはメーソトに着いてしまった。

ラングーンまで六百七十キロ——。そこに託した思いは、僕自身の希望でもあった。東京からのアジアハイウェイで、これまで通過できない国がひとつあった。

北朝鮮である。そしていま、もうひとつの通過が難しい国との国境にさしかかっていた。ビルマ（ミャンマー）だった。

実はこの旅に出る前、ラングーンにいる知人に何回か電話をかけていた。なんとかタイからビルマに入り、陸路でインドに抜けられないかという打診をしていたのだ。返答は思わしくなかった。

「役所に訊いてみたんですが、タイから入国して、ラングーンまで来るという許可をとるのに早くて三カ月、ひょっとすると六カ月。それでもだめかもしれない。さらにラングーンからインド国境までということになると……」

つまりは難しいということだった。ビルマの軍事政権は、国境周辺に拠点を置く少数民族の反政府組織との戦闘を繰り返していた。治安的に保証できないというのがその理由だろうが、そういう現地を見せたくないという思惑もあったのだろう。

半ば予想した答えでもあった。しかしアジアハイウェイ構想が立ちあがったいまは、ひとつのチャンスかもしれないとも思っていた。僕はメーソトで泊まったホテルで打診してみることにした。ひとつの情報があったのだ。タイとビルマの国境から十キロほどのところに、カンゴータタウンという仏教の聖地があった。森のなかに百体を超える巨大な仏像が点在する場所で、多くのビルマ人が訪ねるという話だった。僕は形式だけかもしれないが仏教徒である。そしてアジアハイウェイの旅をつづけている。大義名分がそろってきたような気がしたのだ。しかしホテルのフロントの返事は芳《かんば》しくなかった。

「国境から三キロまでしか行ってはいけないといわれていますよ」

「でもこういう時期だし、そこは聖地でしょ。どこかビルマに詳しい旅行会社、知りませんか。そこにあたってみますから」

フロントにいた女性は、明日の朝までに調べておくといってくれた。

ビルマ領内の戦闘を嫌い、多くの人々がタイ側に流入していた。国境周辺に住むカレン族が多かった。彼らの多くはメーソト郊外にできた難民キャンプに収容されていたが、なかにはメーソト市内に拠点を構えて商売をはじめる人もいた。市内に家を借りて住む人も少なくない。それなりの資金があれば、それも可能のようだった。彼らは頻繁にビルマとの往復を繰り返しているはずだった。そのなかに、僕らを国境から十キロまで招き入れてくれる人がいるような気がしていたのだ。

僕はこの国境とながくつきあってきた。はじめて訪ねたのは一九八〇年代である。当時、国境であるモエイ川に橋は架かっていなかった。川の中央の中州までがタイ領という解釈で、そこでは兵士が警備にあたり、タイの国旗がぱたぱたと揺れていた。僕はそこに座って、対岸のビルマを眺めた。緑色の軍帽をかぶった男が裸馬に乗って駆け抜けていった。まだ馬が交通手段のようだった。

このルートは当時、味の素ルートと呼ばれていた。味の素の密輸ルートとして知られていたのだ。タイの工場でつくられた味の素がメーソトまで運ばれ、密かにモエイ川を渡り、カレン族の男たちの背に載せられて森を越えていった。マルタバン湾に面したモールメインまで人力で運ばれ、そこから列車やトラックでラングーンに届く。さらにバングラデシュ、インドまで流れていくという噂《うわさ》だった。

ビルマの中央部を支配するビルマ族に反旗を翻《ひるがえ》すカレン族の反政府組織は、こうして資金を稼いでいたのだ。ビルマ北部のシャン族やワ族などはヘロインに手を出し、その収入で組織を支えていた。ヘロインと味の素……ともに白い粉が、反政府活動を支えていたとすれば、それは不思議な符合でもあった。いまでは味の素人気も薄れてきてしまったが、料理の味をよくするといわれた味の素は、魔法の粉末のようにも映り、その一方で森のなかで繰り返されていたゲリラ戦を支える資金源でもあったのだ。

その後、ビルマはミャンマーと国名が変わった。しかし、現在の軍事政権に反対する国や人々は、いまだビルマという国名に固執している。そのひとつがタイでもあった。タイ語でビルマはパーマという。ビルマという英語読みと語源は一緒だ。タイでは政治家も新聞も、そして人々も、いまだパーマと呼ぶ。しかしタイはお得意の二枚舌でビルマと渡り合っていく。片方で軍事政権には批判的な態度を見せながら、その一方でビルマを商圏として利用しようとしていったのだ。

橋の建設がはじまったのはいつ頃だったろうか。タイ側から見るとほぼ橋ができあがっている時期に国境を訪ねたことがあった。一九九六年のことだった。橋を歩いていくと、ほぼ中央あたりに板塀が築かれ、周囲を有刺鉄線でぐるぐる巻いてあった。タイとビルマの政府の合意のもとではじまった事業には違いなかった。そこにはメーソトの対岸のミャーワディの町まで、ビルマ政府軍の支配下に入ったという意味が含まれていたが、それは完全な制圧ではなかったのかもしれない。どこかタイ政府のフライング気味の建設だった可能性もあった。

僕は橋のタイ側の袂《たもと》にあったイミグレーションらしき小屋にいた兵士に、ミャーワディまで行くことができるのか、と訊ねてみた。彼は言葉を選んだ。

「ビルマに入国できるかどうかは、ビルマ側に訊いてください」

僕は橋の下の川原を歩き、そこに停まっていた泥舟に乗って対岸に渡った。すると男がひとり近づいてきて、これに記入しろと大判のノートを差し出した。名前や国籍、パスポート番号を書いただけで、ミャーワディの町に入ることができた。ビルマ側から橋を眺めると、袂のところで分断されていた。それがビルマの現実だったのである。

それから十年が経っていた。橋は普通に通行が可能になったと聞いていた。そこを渡り、ビルマ側に通じた会社や男の手配で、国境から十キロの聖地まで行ってみる。いまならできそうな気がした。しかし、メーソトに着いた翌朝、ホテルのフロントのスタッフは、

「いろいろ調べてみたが、国境から十キロまで手配する会社はなかった」

と頭をさげた。僕は諦《あきら》めきれず、メーソトの街で訊きまわってみたが、やはり国境から三キロまでが限界らしい。十キロのカンゴータタウンは諦めなければならないようだった。

橋を渡ってみた。タイ側で出国手つづきをとり、橋の反対側のビルマのイミグレーションに入る。そこで五百バーツをとられ、パスポートを預けることになる。久しぶりのミャーワディの街だった。橋の通行が可能になったためか、以前より賑《にぎ》やかさが増したように映った。

メインロードに何台ものバスが停まっていた。訊くと今晩、ラングーンに向けて出発する夜行バスだという。座席は狭く、バスも古いからかなりきついバス旅だろうが、すでにビルマ国内では、そんなバスが走りはじめているのだ。これに乗れば、翌朝にはラングーンに着いてしまう。しかしパスポートをイミグレーションに預けた身としたら、どうすることもできない。まったく身動きがとれないのだ。タイのイミグレーションからも、夕方五時までにタイに戻るようにと釘《くぎ》を刺されていた。

ミャーワディのメイン通りは、舗装工事の真っ最中だった。訊くとタイの金で道を整備しているのだという。タイの物資をビルマに運び込むためのインフラの整備は少しずつではあったが進んでいた。タイはビルマをバーツ経済圏に組み入れる時代をつくりつ

モエイ川に架かる橋がようやく通行可能になっていた。車線が変わり、ポケットのなかに賄賂を用意する

ミャーワディのシュミオウン寺。あまりに気持ちがいいので境内でちょっと寝ちゃいました。ちょっとです

つある。それがアジアハイウェイの事業でもあった。

その夜の夜行でバンコクに出た。三列席でほぼ水平になるぐらいまで背が倒れる最高級のＶＩＰバスだった。冷房もぎんぎんに効いている。若い女性の車掌が、コーヒーや菓子類を運んできてくれる。これまで乗ったアジアのバスのなかでも最高のバスだった。これでバンコクまで千円もしない。やはりタイという国は旅人にはありがたい国だった。一定の金を払い、そこから受けられるサービスが、アジアのなかでは頭ひとつ抜けている。費用対効果という尺度をあてはめれば、日本をはるかに凌《しの》ぐだろう。

バスは谷に沿ってつくられたくねくね道を登ってタークに着く。ここからバンコクまでは幹線である。百キロを超えるスピードで南下していく。ここまでアジアハイウェイを乗り継いできたが、タイのすごさは、その道の通行に高速料金がかからないということだった。バンコク市内には有料道路はあるが、地方を縦横に結ぶハイウェイは通行料がかからないのだ。その経済効果はかなりのものだろう。

韓国や中国のアジアハイウェイは有料道路だった。しかし料金所に掲げられた高速料金を見て考え込むことが多かった。韓国で釜山《プサン》から仁川《インチョン》まで乗ったバスが支払った高速代は二千円にも達しなかった。中国で丹東《タントン》から瀋陽《シェンヤン》まで乗ったバスが料金所で払ったのは四千円ほどだった。日本は東京から大阪までのバスの高速料金が一万七千五百円である。はたしてアジア各国と日本の物価格差は、高速料金の違いほどの差があるだろうか

ミャーワディに入ると急に猥雑さに包まれる。国境の街の活気

ミャーワディの寺の少年僧たち。素朴で明るい。それしかとりえはないが、なんだか救われてしまう

……と。

バスは早朝、バンコクの北ターミナルに着いた。日本を出発してから十四日目の朝だった。バスに揺られた距離は約八千二百キロになった。博多から釜山、仁川から丹東まで乗ったフェリー代の二万六千円を除いたバス運賃は総額で約三万五千円だった。ベトナムで騙《だま》されなければ三万二千円ぐらいだろうか。日本国内のバス運賃を除くと約二万四千円ということになる。

僕らはルートやバス選びに不慣れだったが、もう少し情報が手に入れば、十日ほどで走り抜けられるコースである。

僕は朝陽が高くなったバンコクのバスターミナルで、

「これは意外に楽な旅かもしれないな」

と思いはじめていた。東アジアから東南アジアにかけてのアジアハイウェイの整備は、想像以上に進んでいた。アジアのバスの四重苦は、もはや昔語りだったようだ。

しかしそれがどんなに甘い憶測だったのか……。タイから先のアジアハイウェイで思い知らされることになるのだった。

コラム　タイのロットゥー

アジアのなかでタイに行く回数がいちばん多いから、タイの長距離バスに乗ることは多い。タイも列車、LCCとの競争のなかに長距離バスは置かれているが、鉄道網がそれほどの密度がない国だから、長距離バスはその便数を減らしてはいない。いや、増えているかもしれない。

「朝日文庫版あとがき」でも触れているが、タイはいまロットゥーと呼ばれるマイクロバスタイプのバスがその路線を増やしている。かつては無認可で、乗車するターミナルも道端とか高速道路下の空き地といったことが多かった。しかし正式に認められ、公式のバスターミナルのなかにロットゥー乗り場ができている。バンコクには、北、東、南という大きなバスターミナルがある。地方に長距離バスで行くときはこのどれかに向かうことになるが、どこにもロットゥー乗り場がある。

ロットゥーは小型だが、目的地までノンストップで走ることが多い。運賃は大型バスよりやや高いが、速さという誘惑に負けてしまう。便数も多いので、つい乗ってしまう。大型バスはネットで予約することができる。支払いはコンビニ。その受けとり証を手にバスターミナルに行くと、正式な切符に替えてくれる。

しかしロットゥーはそこまでのサービスはまだない。直接、バスターミナルに出向くことになるが、便数が多いので、それほど待たずに乗ることができる。

バンコクから地方に向かう便は、大型バスとロットゥーがほぼ半々といった割合に映るが、地方に出てしまうと、ロットゥーの存在感はさらに増す。もともと短い区間や中距離向けのバスだったから、地方の小さな町や村を結ぶのは得意分野。かなりきめ細かい路線網がタイのなかにできあがっていると思っていい。

以前は車内で運賃を払ったが、いまは大型バスの切符売り場の並びにある窓口で買うようになった。

ミャンマー（ビルマ）は、コロナ禍に加え、二〇二一年二月に軍によるクーデターが起き、国内の交通事情は流動的になってしまった。それ以前は、長距離の路線バス全盛期を迎えていた。鉄道は老朽化が進み、乗ること自体がサバイバルになっているような路線もある。そのあたりは拙著『東南アジア全鉄道制覇の旅――タイ・ミャンマー迷走編』（双葉文庫）を読んでいただければわかると思う。タイやベトナムに比べると、空路もそれほど充実してはいない。ミャンマー国内の移動は、長距離バス……ということになってしまう。

ミャンマーは昔から中古車の宝庫のような国で、いまでも、日本、中国、韓国の中古バスがメインだ。新しいバスに比べれば、その安全面では不安があることは事実だ。僕も一回、バスの横転事故に遭い、肋骨にひびが入った体験がある。だからといって、長距離バス以外の選択肢はないことが多い。そのあたりはもう呑み込むしかない。

本書の旅の頃、タイから入国しミャンマー内のアジアハイウェイを進み、インドに抜けることはできなかった。しかしその後、まずタイとの国境を通過してヤンゴン（ラングーン）に行くことが可能になった。ヤンゴンを起点にミャンマー国内の移動もほぼ自由だった。

残っていたのは、ミャンマーとインドを結ぶルートだが、この国境も外国人にも開放された。つまり本書のルートでいえば、タイからインドまで通行が可能になったわけだ。船に乗らざるを得ない区間を除き、日本からイスタンブールまで長距離バスでつながったことになる。

しかしいま、クーデターに加え、少数民族との問題も表面化している。状況は流動的。ミャンマーからインドに抜けるルートを進むときは、そのあたりのミャンマー事情を考慮してほしい。

6章　バングラデシュ

インド、トリプラ州アガルタラ——。

この街で、これからはじまる南アジアのバスに乗る掟《おきて》のようなものを感じとらなければいけなかったのかもしれない。思い返せば、インドのトリプラ州に入国するイミグレーションでその兆《きざ》しはあった。

ビルマ（ミャンマー）を通過できなかった僕らは、次のアジアハイウェイの旅の出発地をインパールにした。ビルマを北上するアジアハイウェイ一号線は、インパールを州都にするマニプール州からインド領に入っていたからだ。

インパールにより近い入国ポイントとしてバングラデシュからトリプラ州に入るルートをとった。そのイミグレーションで、インパールへの行き方を訊ねた。すると暇な職員がメモに英語でこう書いてくれた。

〈明日、朝の六時のバスに乗りシルチャーへ。そこを十九時に出発するバスに乗れば十

六時間でインパールに着く〉

シルチャーという街の場所もよくわからなかった。とりあえず、そのメモを受けとって、国境から三輪タクシーで十五分ほどのアガルタラの街に入った。この街でかなり詳しいインドの地図が手に入った。三人で顔を突き合わせ、ルートを検討した。

「シルチャーって、アッサム州じゃないですか。そこからインパールまで十六時間って、つまり夜七時に出発して翌日の午前中に着くってことですよね。そこで一泊してまた十六時間ですか。そこからアジアハイウェイは北上しているから、ナガランド州に入って、アッサム州を抜けて……」

三人で顔を見合わせた。インパールに行くだけで、急いでも四日から五日ほどの日程が費やされてしまう。これから先の長い道のりを考えると、あまりに時間がかかりすぎた。僕らは諦《あきら》めるしかなかった。

インドのアジアハイウェイの出発点をメガラヤ州のシロングに変えざるをえなかった。インパールを通るアジアハイウェイ一号線はシロングを通り、一気にバングラデシュにくだっていたのだ。

翌朝、僕はバスターミナルにシロング行きの切符を買いに出かけた。正午発があるという。そこでわかったことは、正午に何台ものバスが同時にシロングに向けて出発するということだった。運賃は変わらないからどのバスでもいいということになる。どの会社もセミスリーパーを謳《うた》い文句にしていた。どれほど快適に眠ることができる椅子なのかと期待が膨らんだが、よく訊《き》くと、ただのリクライニングだった。結局、どのバスも大差はないようだった。

「正午発って覚えやすくていいね」

切符をつくっている間、職員にいった。

「そう、だから二十年前から同じ時刻に出発なんだ」

「二十年前……」

そのときはさして気にも留めなかったが、バスが出発し、しばらくすると、それがどういうことを意味するのか教えられることになる。満席にならずに二十台近いバスが同時に出発したのだが、途中の町の前になると、生きた心地がしないような先陣争いが繰り返されたのだ。二十台が狭い道で抜きつ抜かれつを演じ、乗っている僕らは、「路肩が崩れて転落するのではないか」、「あ、ぶつかる」と手を握ることになる。

なぜ、そこまでして先を争うのかといえば、途中の町にバスを待つ客がいるからだった。先に到着すれば、その客を乗せることができ、収入が増えるのだ。町を通過するたびに起こるカーチェイスに、僕は天を仰ぐことになる。

「だったら、発車時刻を三十分とかずらしていけばいいんじゃないのだろうか」

しかしインド人はそれをしないのだ。二十年このかた、同じ時刻にバスを発車させていた。

そういえば、日本を出発するエアインディアも、僕の記憶にある限り、十年以上、週二便、同じ曜日の同じ時刻に成田空港を出発していた。マイレージプログラムにもあまり興味がないようで、世界の航空会社を巻き込んでいるグループ化も高みの見物である。インド——。

理解不能な経済感覚に支配された国に入り込んだようだった。その現実を、バスの旅で思い知らされることになるのだった。

バンコクからはいったん日本に戻った。僕は共同通信の締め切りが待っていたし、阿部カメラマンは新聞に使う写真の整理が待っていた。彼もデジタルカメラを使っていた。以前、フィルム時代のカメラマンは、帰国後、現像所にフィルムをもち込んで、現像された写真のなかから使えるカットを選べばよかったが、デジタル時代になって仕事が増えた。撮った写真をパソコンにとり込み、色の調整をする必要が生まれてしまったのだ。

いち段落したところで、ビザ取得がはじまった。東アジアから東南アジアで通過した国々は、ラオスが国境でビザをとらなくてはいけなかったが、それ以外の国はすべてビザはいらなかった。ところがタイ以遠の国は、軒並みビザが必要な国ばかりだった。ビザの取得に手間どりそうな国から申請していった。イラン、パキスタン、インド、バングラデシュ……。いつも三人で大使館に集まり、職業をどうするかなどと話しながら、ビザをとりつづけていった。すべてのビザをとるのに一カ月近くがかかった。

イラン、パキスタンと無事にビザを取得し、インド大使館を訪ねた。そのときはインパールからアジアハイウェイの旅を再開するつもりだったから、インパールのあるマニプール州の入域制限を確認しようとした。インドの中心部から離れた東北エリアは、かねてから独立の動きがあり、外国人が自由に出入りできるところではなかったのだ。しかし東京のインド大使館の職員の対応は意外だった。窓口の女性は、なにかの書類に視線を落としながらこういったのだった。

「四人以上でビザを申請してくれれば、それだけで大丈夫です」

「僕らは三人なんですけど」

「もうひとりいらっしゃらないんですか。ビザをとるときだけ」

「………？」

「ビザ取得のときに四人が必要だとなっていますから」

「ということは、四人で申請し、実際に行くのはひとりってことでもいいってことなんですか」

「ルール上はそうなります」

内心、これならなんとでもなりそうだ、と胸をなでおろした。このエリアの治安も安定してきているのだろう。特別な許可など事実上、なくなっていたのだ。

そこで、バングラデシュのダッカから旅をはじめることにした。ダッカから東へ向かえば、半日ほどでインドのアガルタラに入ることができるためだった。インドのコルカタ（カルカッタ）からインパールに向かうよりはるかに距離が短かった。しかしインパールは遠かった。このルートを通っても、インパールのあるマニプール州は辺境だったのである。僕らはルートを変更せざるをえなかった。


メガラヤ州のシロングに着いたのは午前四時半だった。標高が高いようだった。まだ朝陽が昇る前の時間帯はかなり冷え込んだ。季節は三月の末だったが、日中の気温が三十度を超えるダッカやアガルタラの気候に慣れた体には寒さが応《こた》えた。日本の成田空港に向かうときに着ていたセーターを慌《あわ》ててザックのなかからとり出した。しだいに空が白みはじめ、シロングの街の輪郭が目に入ってきた。木造の三階建て、四階建てといった家々がつづく街並みはどこかダージリンを思い出させた。

アジアハイウェイの一号線は、ここから南下してバングラデシュに入り、ダッカから西に向かい、コルカタに抜けていた。今日、僕らはその道を伝ってバングラデシュに下らなければならない。だがシロングという街は、時間があれば、一週間ほど滞在してみたくなるような街だった。バス停の近くの茶屋で、ミルクティーとパンという朝食をと

アジアハイウェイ後半はインドのシロングから。やっぱり路上からのスタートだった

った。ひとり七ルピー、日本円で二十円ほどである。僕のような旅行者は、それだけでもこの街が気に入ってしまった。人々の顔はモンゴロイド系が多く、親しみが湧く。ミルクティーを飲みながら彼らが読んでいる新聞は英語だった。

朝食をとって外に出ても、まだ陽は出ていなかった。寒さのなか、震えながらバスを待っていると、道を挟んだ向こう側で、ホームレスがゴミを燃やしはじめた。そういうことはしてはいけないのかもしれない。本も何冊か書き、五十歳を超えた男がすることではないという声が聞こえる。ましてやこの三人は水戸黄門ご一行様で、僕は黄門様の役まわりである。しかし昔から、この種の誘惑には勝てない男でもあった。気がつくと、ホームレスが燃やす頼りない炎に手をかざしていた。火力が弱まると、近くにあったゴミを火にくべていた。隣にいた橋野君は、ザックのなかからいくつかのパンフレットをとり出した。それは成田空港にあったスカイライナーの時刻表や携帯電話のチラシだった。どうして彼はこんなものをわざわざインドのメガラヤ州までもっていたのかわからないが、それを火に投げ込むと、大きな炎になった。その光がホームレスの顔を照らし、その煤《すす》けた顔が少し緩んだ気がした。

「暖かい」

シロングのゴミに比べると、日本のパンフレットは火力が強かった。橋野君の顔がその光に映しだされる。

あれは広州のホテルだったろうか。ビールを飲みながら、彼の身の上話を聞いていた。彼は十四歳のときからタレント事務所に所属していたのだという。高校時代はいくつかのドラマにも出演した経験がある。信州の松本で将来のことなどなにもわからず、ぼーっとした高校時代をすごした僕などに比べると、ずいぶんと華やかな東京の高校生だったのである。しかしタレントの世界も厳しい。事務所から給料をもらっている以上、何回もオーディションを受けなくてはならなかった。しかしいくら自分をアピールしても、いい結果はめぐってこなかった。そのうちに、彼の心のなかで、オーディションを受けることは大きなストレスとなってしまった。会場で笑ってくれといわれても、顔は引きつるばかりだったという。彼がはじめて旅に出たのはその頃だった。行き先はチベットだった。

僕は黙って聞いていた。十代の後半で、思うようにならない人生に直面してしまうことはつらいことだった。それを彼はどう克服したのか僕にはわからない。いや、いまだにトラウマとなって残っているのかもしれなかった。

こんな旅に彼を誘ってしまったことをときに後悔もするが、こうしてシロングの路上で、ホームレスと一緒に焚《た》き火《び》を囲む顔は、思いのほか穏やかで、少しずつ、旅人の顔になってきているような気もする。これはこれでよかったのかもしれないとも思うのだ。

しかしアジアハイウェイの後半の旅のはじまりとしたら、なんだか鼻白んでもくる。なにしろホームレスと一緒に焚き火なのだ。まあ、僕の旅だからしかたないといえばしかたないのだが。

でもいろいろ悩むより、まずここでは体を温めること。そんな旅がはじまってしまうのだ。まだ先は長いのである。

陽が昇り、ようやく街が暖かくなってきた。明るくなって眺めると、僕らが立っているのはちょうど三叉路《さんさろ》だった。しばらく待つと、一台の四輪駆動車が現れた。この車がダウキーというバングラデシュとの国境の町に向かうのだという。ひとり七十ルピーで交渉し、狭い車内で出発を待つ。満員にならなければ発車しないようだった。

ダウキーをめざすぎゅう詰め四駆。肌をくっつけあうアジア人との熱いおつきあいがはじまった

みごとな山岳路だった。ぎゅう詰めの車内だったが、窓に顔を押しつけるように眺めると、道はいくつかの尾根を巻くようにつくられていた。気圧の変化で耳が変調するので、どんどん高度がさがっていることがわかる。窓から谷をのぞくと、吸い込まれそうな岩肌が目に入る。これもアジアハイウェイ一号線なのである。

二時間ほどくだっただろうか。気温がぐっとあがり、オンムット川と乗客に教えられた川を越えるとダウキーと呼ばれる宿場町のような小さな町に出た。ここがバングラデシュとの国境の町のようだった。国境に向けて歩きはじめる。二キロほど歩いただろうか。途中から国境で荷物検査を受けるトラックが道を埋めはじめた。はじめは一列だったトラックが二列になる。僕らはその間を縫うように進み、ようやくインド側のイミグレーションに出た。出国はスムーズだった。もっともトラックの積荷検査に忙しくて職員がなかなかやってきてくれなかったが。二時間ほど待ち、ようやく職員がきたが運悪く停電。荷物検査のためのX線機械が使えず、結局、荷物検査はなかった。

むしろトラブルが待ち受けていたのは、そこから五百メートルほど歩いたところにあったバングラデシュのイミグレーションだった。このとき、僕のなかには一抹の不安があった。しかし、それが発覚するのは翌朝のことになる。

伏線は、二日前にあった。バングラデシュのダッカからバスと三輪タクシーを乗り継いでアカウラという町に着いた。そこから自転車力車《サイクルリキシャ》に小一時間揺られてインドとの国境に到着した。そこでバングラデシュの出国手つづきになるのだが、そこでちょっともめた。バングラデシュには、トラベルタックスというわけのわからない税金がある。飛行機で出国する場合、空港税のほかにこの税金がとられる。もっとも航空券はその料金のなかに含まれているので気づく人は少ないが、陸路で出国する場合はそうはいかない。チケットがないのだから、トラベルタックスを別に支払わなければならないのだ。

以前、このトラベルタックスは五百タカ、日本円で千円ほどだった。今回、イミグレーションの職員は三百タカだという。安くなったことはいいことだった。しかし、これは僕のミスなのだが、手もちのバングラデシュの通貨が足りなかった。そこで僕はドルで払うと申し出た。ここは国境である。アメリカドルを受けつけると思ったのだ。ところがイミグレーションの暗い顔をしたおじさんは頑として受けつけなかった。笑顔ひとつ見せず、

「タカでなければだめだ」

といい張るのだった。彼はアカウラの町まで戻って両替してこいという。僕はバングラデシュの事情をある程度知っていた。町で両替することはなかなか大変なことなのだ。銀行はあるのだが、店を開けている時間が短い。昼にはすべての銀行が閉まってしまうのだ。そのときの時間は午後三時頃だった。アカウラの町に戻り、闇で両替に応じてくれる店を探すのに一時間はかかるだろう。ここから町までは力車で一時間近くかかるのだ。往復で三時間。そんなことをやっているうちに、国境が閉まってしまう可能性もあった。

「どうしてドルが受けとれないんです？」

僕は粘った。すると職員は上司に会って了解をとれという。僕だけ上司の部屋に入った。そこでの話は比較的スムーズだった。結局、僕が謝り、今回だけはということで部屋を出た。するとさっきまで頑固な職員と押し問答していた部屋には、イミグレーショ

ン職員の友だちのような男が入ってきて、彼が両替に応じるという。どうもその男と職員はグルのようだった。僕は公式レートで計算した。三百タカは四・五ドルになる。するとそのレートは違うという。結局、〇・五ドル追加して五ドルで話がついた。この〇・五ドルをせしめるために、職員は頑強にドルの受けとりを拒んだようだった。

ところがひとり五ドル、つまり三人分で十五ドルを渡すと、

「これでは足りない」

といいはじめた。なんでもこのドルはアカウラの町に行って両替しなくてはいけないという。つまりその力車代も払えというのだった。なんだか限りなくセコいのである。延々と力車代の交渉があり、結局、ひとり一ドルの追加で決着した。どちらかというと、僕が引いた感じだった。

三人分で十八ドルを渡すと、職員は急に愛想がよくなった。賄賂《わいろ》に汚い職員ほど態度が豹変《ひょうへん》する。彼は旅のルートを訊ねてきた。別に隠すことはなかったから、二、三日後にはバングラデシュに戻るといった。彼は僕らのパスポートに、なにやらベンガル語で書かれた紙をホチキスで留め、入国カードを回収し、スタンプを捺《お》してくれたのだった。僕はベンガル語などまったく読めない。いわれるままにするしかなかった。

シロングから山をくだり、ダウキーにあるバングラデシュのイミグレーションにそのパスポートを出した。職員はそこにホチキスで留めてあるメモを読み、ほかの職員とな

にやら相談し、入国スタンプを捺してくれた。これで終わりだという。

僕は少し不安だった。

「入国カードを書かなくていいんですか」

「いや、大丈夫だ」

これまで空路、陸路で何回かバングラデシュに入国していた。いつも入国カードは書いていた。今回はそれがいらないという。自信ありげな口ぶりに従うしかなかったが、不安が消えたわけではなかった。

僕は考えてみた。これは再入国ではないかと思った。バングラデシュのビザは二回の出入国ができるようにダブルでとっていた。だからこのポイントでは、正規の入国手つづきをとってもらっても問題はなかったのだが、アカウラから入国したとき、職員はよけいな気遣いをしてくれたのかもしれない。賄賂をもらった以上……ということだろうか。しかし再入国の手つづきをしてくれたのなら、そこで入国カードを回収すべきではないのかもしれない。しかし旅行者はイミグレーションの職員の前では弱いものだ。ルールにも詳しくはない。いくらその職員がいい加減でも、従うしか術《すべ》がないのだった。

山を降りると、平地は人で埋まっていた。国境から車に乗り、バングラデシュ北東部の中心都市シレットに近づくにつれ、人の密度が濃くなっていく。ハイウェイの沿道を歩く人、緑の水田で雑草をとる人や水牛……ときどき街を通りすぎるのだが、道に沿った市場はベンガル人で沸き返っていた。このあたりは、山がちな土地がインド領になり、平地がバングラデシュ領に分けられたことがわかる。人間誰しも、平地は農耕に適し肥沃《ひよく》だと考えるのか、土地の豊かさ以上に多くのイスラム系ベンガル人が集まってきてしまった。いや集められたといったほうが正確かもしれない。その結末が、北海道の一・七倍ほどの広さの土地に一億四千万人を超える人口過密な国家だった。人口密度は一平方キロメートルに九百八十人ほどで、バングラデシュより上位の国は、モナコやシンガポールといった極小国しかないのだ。

平坦な土地といっても、そこはブラマプトラ川とガンジス川がつくり出した広大なデルタで、雨季には河川は氾濫《はんらん》し、それに追い打ちをかけるようにサイクロンの高波が襲う。あるときは、国土の三分の二が海水に浸《つ》かってしまったこともあるという。平坦な土地はそんなリスクを背負っていたわけで、気がつくと世界有数の貧しい国になっていた。

僕はシレットの街で、両替のために自転車力車に乗って銀行に向かった。道を埋める夥《おびただ》しい数の力車が渋滞し、そこに車が割り込み、カオスと化した交差点で天を仰ぐ。人が多すぎるのだ。そうこうしているうちに、後ろからきた力車が僕の乗る力車にぶつかり、僕は危うく落ちそうになる。人と人の距離が短すぎ、そのストレスに辟易《へきえき》としてしまう。これから、この膨大な人を掻《か》きわけるようにして旅をつづけなければならなかった。

しかし息が詰まるような貧困は、その内部に少数の富裕者を生み出すものらしい。僕らはそんな人たちが利用するグリーンラインという高級バスの恩恵のなかで旅をしようとしていた。オフィスは市内の一等地にあった。空調の効いた待合室には、身なりのきちんとした人々が集まってくる。ダッカまで四百タカ、そこからインドのコルカタまでの国際バスは七百五十タカ、総額で二千三百円ほどの切符を買った。一日十タカ、二十タカで暮らす人々の生活レベルからすれば、桁ひとつ違う世界である。オフィスの前で眺めていると、道端に屯《たむろ》する自転車力車や物乞いをクラクションで蹴散《けち》らすようにして、ボルボ社のバスが入ってきた。このバスがシレットとダッカの間を五時間ほどで結んでいた。空調の効いた車内には、街の喧騒《けんそう》も届かないバスの旅である。

バスは夕暮れのアジアハイウェイをダッカに向けて移動していった。車窓には圧倒的なバングラデシュの田園が広がっていた。水が張られた水田では、男がひとり畦《あぜ》に座っていた。彼の前には魚を獲《と》る仕かけが沈められている。ホテイアオイで埋まった池では、数十人の子どもが全身、泥まみれになりながら魚を追っている。皆、夕食のカレーに入れる魚を獲ることに必死だった。電気のない村では、ランプの明かりが灯《とも》りはじめていた。

バスターミナルも人で埋まっていた。バングラデシュの人口圧にまいる（ダッカ）

夜十時にダッカを発つコルカタ行きに乗り換え、インドとの国境の町、ベナプールに着いたのは朝の四時だった。バスが到着する少し前、車掌が乗客のパスポートを集めはじめた。そのとき三百五十タカも渡す。三百タカが例のトラベルタックス、五十タカが出国手つづきをグリーンラインのバス会社のスタッフが代行してくれる手数料らしい。グリーンラインのバスには、そんなサービスも備わっていたのだ。

グリーンラインのオフィスで、明るくなるのを待っていた。すると待合室の前に貧しそうな車夫が集まりはじめた。彼らは口々に、

「コーポレート」

と叫んでいる。

「コーポレート?」

バングラデシュでは聞き慣れない言葉だった。ましてや英語などイエスやノーすら知らないような力車の車夫が口にする単語ではない。隣に座っていた同じバスの乗客が教えてくれる。

「グリーンラインに雇われた力車ってことですよ。無料の力車ってわけです。あれに乗れば国境まで連れていってくれますよ」

そこで話がすまないのがバングラデシュという国だった。力車代は無料なのかもしれないが、降りる段になって、必ずバックシーシというチップを要求してくる。しかし国境までの道を知らない僕らは、力車に乗るしか方法がない。

待合室の前に停まっていたのは、荷物も運ぶことができる大八車をつけた自転車力車だった。阿部氏とふたりでその荷台に座った。朝靄《あさもや》に包まれた道を、力車はぎこぎこというペダルの軋《きし》みを残しながら進みはじめた。阿部氏が煙草《たばこ》に火をつけ、僕もポケットのなかから煙草を一本とり出した。阿部氏が呟《つぶや》くようにいう。

「不思議なんです。国境に向かう力車に乗ると、なぜか煙草が喫《す》いたくなる……」

「仮に禁煙していても、国境に向かう力車に乗ったときだけは煙草を喫うだろうな」

僕はそういいながら煙草に火をつけた。

僕ら三人は珍しく全員が煙草を喫った。同室に泊まることが多かったから、これはある意味好都合だった。しかし禁煙の波はアジアにも押し寄せていて、これまで乗ったほとんどのバスは車内禁煙だった。僕自身も煙草を止《や》めたいとは思っていたが、国境に向かう力車だけは特別だった。

三日前、バングラデシュのアカウラから、インドの国境に向かう力車に乗っていた。実は数年前、僕は同じ道を力車で走っていた。そのときも阿部氏と一緒だった。これまで僕は三十を超えるアジアの国境を陸路で越えてきた。なぜか国境を陸路で越えることが好きで、それはオタクの域に入っているのではないかと自分で思うほどである。そんな経験からしても、アカウラからインドに向かう国境の道はよかった。水田のなかにつくられた並木道が、インドに向けて一直線に延びているのだ。道の両側には木々が植えられ、ところどころ緑のトンネルのようになっている。周囲は緑が眩《まぶ》しい水田で、そのなかを水牛や農夫がゆっくりと動いている。ベンガルの風が流れるなかを車夫が漕《こ》ぐ自転車力車に揺られていると、気分はもう夢心地なのである。そんな道が小一時間もつづくのである。

しかし国境への道を進む僕のなかでは、さまざまな思いが錯綜《さくそう》している。国境というポイントは、さまざまなトラブルがついてまわるのだ。なかなかビザがとれずに強行突破することもあれば、いわれなきいいがかりをつけられることもある。国境に向かうときは、常にそんな不安に苛まれているのだ。

だから風景が目に染みる。旅の記憶というものは、不安があってこそ脳細胞に刻み込まれていくものだと、旅の日々が長くなるほど思い知らされるのだ。そんな不安に包まれながら、少しでも心の平衡を保とうと煙草に手が伸びてしまう。煙草を喫ったところで、なにが変わるわけではないのだが、喫煙者というものは、そんな風に煙草に火をつけてしまうのだ。

阿部氏とはこれまでも多くの国を一緒に歩いてきた。中国から陸路で中央アジアを横切ってトルコをめざしたときも阿部氏とのふたり旅だった。このルートはトルクメニスタンを通らなければならなかったが、当時、その手前の国で、トルクメニスタンのビザをとることができる国はウズベキスタンしかなかった。しかしなにかの事情で、その大使館は閉鎖されていて、僕と阿部氏はビザがないままトルクメニスタンに入るしかなかった。当然、国境警察に捕まり、そのまま警察官の家に軟禁されてしまった。その警察官は賄賂狙いで、僕らは彼に高額のビザ代を払って解放されたのだが、阿部氏にしても、僕と旅をともにしたためにそんな体験をしてしまうと、やはり国境の前では気持ちを落ち着かせたくなるようだった。

阿部氏は一流のカメラマンだが、ありがたいことに、僕と旅の意識を共有してくれる。前回、アカウラからインドに向かう力車に揺られた後、彼はぽつりとこんなことをいうのだった。

「バングラデシュって水と土と人で埋まってるんですよね」

視線はカメラマンのそれというより、旅人だった。仕事とはいえ、一緒に旅をしてくれるカメラマンは僕にはありがたかった。

グリーンラインの待合室の前から、どのくらい大八車スタイルの力車に揺られただろうか。正直なところ、僕にはさしたる不安もなかった。朝靄が静かに動いていくなかを進む光景が気に入っていた。どこからか聞こえる鶏の声。焚き火の匂《にお》い。しんとした国境への道に、ぼろのような布をマフラー代わりに巻いた車夫の息づかいとペダルの音だけが響いていた。しかし国境というところは、やはりトラブルの宝庫でもあるらしい。

朝靄のなかに国境のバーが見えてきたあたりで力車を降りた。車夫に二タカを渡すと不満そうな顔が返ってくる。もう一タカと懇願する車夫を蹴散らしてくれたのは、先に到着していたグリーンラインのバス会社のスタッフだった。彼はやや引きつった顔つきで、僕らのパスポートを差し出した。

「入国カードがないんです」

その通りだった。前日の朝、山から降りてバングラデシュに入国したとき、イミグレーションの職員が、そのカードはいらないといったのだ。やはりここにきてもめてしまったか……。バングラデシュとはこういう鬱陶《うっとう》しい国なのだ。

「わかった。イミグレーションで説明するから一緒に行こう」

もめることはわかっていた。おそらく僕らは再入国の形でバングラデシュに入ったのだが、それを証明する書類はなにもなかった。パスポートにホチキスで留められていたメモははずされ、残っているのは、その跡だけである。いくら説明したところで証拠はなにもないのだから、立場は弱かった。やはり金だろうか。グリーンラインのスタッフと歩きながら、

「いくらっていってる?」

と訊いてみた。スタッフの顔に安堵《あんど》の色が見えた。ここで僕が頑強に状況を説明するといい張ったら、ことが面倒になることを彼は察していたのだ。

「五百っていってます」

「五百? それはバングラデシュのタカ? それともインドルピー?」

「インドルピー。この国境ではバングラデシュの金は通用しないんです」

「五百ルピーか……。ちょっと高いな」

日本円で千五百円、ひとり五百円の計算になる。これまでいくつかの国境を渡り歩いてきた。この種の賄賂はまけてくれることが多かった。通常ならイミグレーションにある入国カードに新たに記入すればいい程度のことなのだ。グリーンラインのスタッフは、僕をイミグレーションの前に待たせ、ひとりでオフィスに入っていった。僕が同行する

より、彼ひとりのほうが値切れると踏んだようだった。

どのくらい待っただろうか。十分、いや二十分……。グリーンラインのスタッフは穏やかな顔で戻ってきた。

「百でいいそうです」

一気に五分の一か——。その額で手を打った。しかしはじめの五百ルピーといい、今回の百ルピーといい、どうしても三人では割り切れない金額だった。実にあからさまな賄賂だった。

鬱陶しい出入国の儀式はまだつづいた。やはりコーポレートだというポーターが国境の前で待ち構えていた。バスに預けた荷物は別の力車で運ばれていて、僕らのザックをちゃっかり彼らが背負っている。料金は会社もちなのだが、インドのイミグレーションの前まで運んでバックシーシである。ここのチップは一律五タカと決まっているようで、客の全員が払っている。この金額なら、自分でポーターを雇っても同じではないかと思えてくる。いや、僕らの荷物など自分でもてる量なのだ。一億四千万人が生きているバングラデシュでは、こうしないといけないのかもしれないが、やはり鬱陶しいのである。

バーを越え、インドの土を踏んでインド側のイミグレーションに近づくと、今度はインド人のグリーンラインスタッフが待ち構えていた。全員、そのスタッフにパスポートを預け、彼の後についてオフィスに入っていく。何台ものバスがダッカから到着してインドに向かう時間帯のようで、カウンターはかなり混み合っていた。グリーンラインがイミグレーションの職員と話をつけてあるようで、ふたつの列をパスし、三つ目のカウンターの横にあるスペースで待つことになった。しかしパスしたふたつの列は比較的早く進み、僕らが待つ列が長くなってきた。グリーンラインのスタッフは、乗客全員のパスポートを手にオフィスの奥に消えたが、なかなか出てこない。そうこうしているうちに、普通に列に並んだ人たちの入国審査は終わり、彼らのほうが先にオフィスを出ていってしまった。

「普通に個人で列に並んだほうが早いじゃない」

「でも、入国カードなんかもバス会社の人が書いてくれるんじゃないですか」

「そうかもな」

しばらくしてグリーンラインのスタッフが現れたが、彼が手にしていたのは、まだなにも書かれていないインドの入国カードだった。この用紙をもらってくるのに、三十分以上かかったのである。どっと疲れが出てきた。僕らはしかたなく、膝《ひざ》の上に読みさしの本などを置いて入国カードを埋めた。その頃には、イミグレーションもすき、カウンターに並ぶ人もいなくなっていた。これがひとり千五百円も払ったダッカからコルカタ行きのグリーンラインのサービスというものだったのである。

コラム

イスラム圏の長距離バス

同じ路線の長距離バスに何回も乗る……。その意味では、バングラデシュの夜行バスがいちばん多いかもしれない。路線はダッカと南部のコックスバザールを結ぶ長距離バスである。

僕はコックスバザールにある小学校の運営にかかわっている。資金の問題、老朽化した学校の修理など、年に二回から三回は出向くことになる。ダッカとコックスバザールの間には飛行機も就航しているのだが、やはり運賃が高い。片道一万円以上する。バスなら三千円ほどですむ。どうしてもバスになびいていってしまう。

しかしコックスバザールからダッカに戻るときは、長距離バスを使うことが難しくなる。夕方にダッカに着く必要があるのだが、そのためには昼間の長距離バスに乗ることになる。

いまのバングラデシュは大変な渋滞である。とくにダッカと、途中にあるチッタゴンの渋滞が激しい。ひどいときは街を抜けるのに三時間、四時間とかかってしまう。昼間の長距離バスは、いつダッカに着くのか読めない状態で、飛行機に乗るためには使えないのだ。しかたなく、コックスバザールからダッカに戻るときは飛行機になる。

ダッカからコックスバザールに行くときは、本書でも紹介しているグリーンラインに乗る。夜の十時台から十一時台にかけ、四、五便が出発する。夜は渋滞が緩和されるので、だいたい朝の七時前後にはコックスバザールに着く。

途中で二回ほど、ドライブインで休憩がある。午前二時と午前五時ぐらいだろうか。バングラデシュはイスラム教徒が多い国だから、ラマダンがある。これは陽が昇ってから日没まで、食べ物はもちろん、水を飲むこともできない。その期間が一カ月近くつづく。毎年、同じ時期にあれば避けることもできるのだが、太陰暦で決まるため、毎年、少しずつずれていく。ラマダンの期間をつい忘れて訪ねてしまうと苦労する。もっとも僕がコックスバザールで滞在するのは仏教徒のラカイン人の家なので、その敷地に入ればラマダンから解放される。

問題はダッカからコックスバザールに向かう長距離バスである。

午前二時と午前五時の休憩時、バングラデシュ人はとんでもない勢いでご飯を食べる。昼間、食事ができないので食いだめをするわけだ。真夜中だから僕はほとんど食欲がない。ずっと寝かせてほしいのだが、車掌はラマダンを気遣い、僕を起こしてしまうのだ。コックスバザール手前で陽が昇る。そのとき、車掌が車内をまわり、ラックに入っている水を回収していく。今日のラマダンのはじまりというわけだ。

イスラム圏の長距離バス。ラマダンを調べてから、旅の日程を決めたほうがいい。

7章　インド

僕はてっきり、ダッカから走ってきたボルボ社のバスが国境からコルカタまで行くのかと思っていた。切符は目的地しか書かれていない一枚だったからだ。

しかし、ようやくインドの入国審査を終え、スタッフに導かれて乗り込んだバスは、『SURAJ』と書かれたインド製のバスだった。乗り込んだとたんにその違いがわかった。車内が狭いのだ。椅子と椅子の間の距離も近い。ダッカからのバスの座席は九割がた埋まっていたが、その乗客が全員乗り込むとほぼ満席になった。席数も少ないようだった。空調の効きは悪く、窓は開け閉めができるスタイルで、きちんとは閉まらなかった。どうもインドを走っている普通のバスのボディをグリーンラインの色に塗り、エアコンをとりつけただけのようだった。

道幅も狭くなった。そこに車や自転車力車《サイクルリキシヤ》がひしめき、バスはなかなか進まなかった。国境からコルカタまでは七十キロほどなのだが、朝食休憩を含めて四時間近くもかかってしまったのである。これからのバスの旅を思うと悪い予感が湧きあがってきたが、広いインドのなかではローカルな路線である。幹線に出ればもう少しスムーズに進むだろう……と期待するしかなかった。

バスの終点はコルカタ市内のバスターミナルかと思っていたら、懐かしいサダルストリートの路地のような狭い道でバスは停車した。バスを降り、周囲を見まわした。僕が何回もお世話になったサダルストリートとはどこか様子が違っていた。看板にはベンガル語が目立つ。近くにはバングラデシュ人専用とも思えるようなゲストハウスが何軒もあった。サダルストリートは欧米人や日本人バックパッカー向けの街かと思っていたが、その一画にはバングラデシュ人エリアができあがっていたのである。考えてみればそれは当然のことだった。バングラデシュは隣国なのである。コルカタにやってくる人は、欧米人や日本人より多いのかもしれなかった。

さて、どうしようか……。

少し迷っていた。体が重かった。トリプラ州のアガルタラを出発し、バングラデシュを横切って再びインドのコルカタに着いたが、その間、一泊もホテルに泊まることなくバスを乗り継いできた。これまで乗ってきた中国やタイのバスに比べ、インドやバングラデシュの夜行バスには車内で寝るという発想が欠けていた。バングラデシュのグリーンラインにしても、立派なバスだったが、背もたれは二十度ほど後ろに倒れるだけだった。道は悪くはなかったが、なにしろバングラデシュは人が多く、鬱陶《うっとう》しいことばかりがつづく。そんな疲れが、慣れ親しんだサダルストリートで一気に出たのかもしれなかった。この街ではビールを飲めることも知っていた。久しぶりのビールにそそられ、平らな動かないベッドが恋しかった。

しかしこの先が不安だった。インド大陸をどんなバスが走っているのかもわからなかった。コルカタに一泊するにしても、明日乗るバスのめどをつけておきたかった。まず、近くにある旅行会社のドアを叩いた。アジアハイウェイの地図を広げ、デリーまでのルートを説明すると、

「列車しかない」

という冷たい返事が返ってきた。そこから数軒の旅行会社に訊ねたが、返ってくるのは、「列車」という言葉だけだった。サダルストリートに店を出す旅行会社の頭のなかにあるのは列車か飛行機だけだったのだ。意味もなく集まってくる客引きも同じだった。バスを選ぶ旅行者はほとんど、というより皆無らしい。

「これはバスターミナルを探したほうが早いな」

怪しげな客引きや路上の物売りに訊《き》きまわり、サダルストリートとはチョウロンギー通りを挟んで反対側にある市バスのターミナルに辿り着いた。ここなら長距離バスのターミナルがわかるかもしれないと思ったのだ。そこで今日、何回開いているかわからな

い地図を広げ、デリーまでの道をなぞってみる。

「デリーまでバスがなかったらベナレス（バラナシ）までもいい。いやブッダガヤー……」

アジアハイウェイ一号線に沿って、しだいにコルカタに近づけていく。しかし市バスの職員は、黒目がちな瞳を頼りなげに動かすばかりだった。これは大変なことかもしれなかった。ひょっとしたらインドには、夜行で走るような長距離バスがないのかもしれない。ということは広いインドを路線バスだけでつなぐということなのだろうか。ここまでやってきて、インドのバスという大きな壁が立ちはだかったような気分だった。

コルカタの市内を流れるフーグリー川に面した『エデンの園』と名付けられた公園で、ぼんやり浮かぶ舟を眺めていた。僕はまだ迷っていた。もうひと晩、バスのなかで寝ることになる。それもこれまで乗ったようなバスではなく、空調もない普通のバスだった。皆の体力がもつだろうか。この街で休んだほうがいいかもしれない……。

チョウロンギー通りに面したバスターミナルで、別の職員からひとつの情報を訊きだした。その職員の頼りない記憶だったが、パトナーまでのバスがあったような気がするというのだった。

「パトナー？」

これだけのバスが方向別に一斉に出発するインドの不合理。いや合理性（コルカタ）

ビハール州の州都である。アジアハイウェイの一号線からはだいぶ北にずれてしまうが、この際、そんなことはいってられなかった。コルカタから見れば北西のこの街まで進めば、少しは距離を稼ぐことができる。その街に着いたらデリー行きのバスがあるかもしれなかった。

僕らは教えられたバブガートバスターミナルに急いだのだが、そこはバスターミナルというよりフーグリー川に沿ったただの道だった。しかし川の土手の手前に何台かのバスが停まっていた。インドの長距離バスはそんな存在だったのである。そのうちの一台の脇に男がいた。バスがつくる日陰に長椅子を置き、寝そべりながら鼻をほじっていた。

「パトナー？　行くよ。午後の四時出発

だ。着くのは翌朝の七時だ」

ほかのバスの行き先も訊いたが、知らない地名ばかりだった。

「もうすぐ、たくさんのバスが集まってくる。どれも午後四時出発だから」

「ここに集まるバスは、皆、午後四時発なんですか」

「そうだよ。昔からこのバスターミナルを出発するバスは、午後四時って決まってるんだ。覚えやすいからね」

「………」

インドのバスだった。トリプラ州のアガルタラを出発したバスと同じだった。もっともここを出発するバスの行き先はそれぞれ違うようなのだが。

午後四時――。出発まで三時間ほどあった。僕らは今日、このバスで出発するか相談しようと、バスターミナルの裏手の公園に入ったのだった。『エデンの園』という名前はつけられていたが、愛を囁《ささや》くためのベンチもなく、土手でカラスがゴミを漁《あさ》る小さな公園だった。いったいどこがエデンなのかと毒づきたくなるような場所だった。

「まだもちますよ。なにしろ若いですから、あとひと晩ぐらいは」

橋野君はインドに入国して急に元気になった。この国の水が合うのかもしれなかった。

阿部氏も頷《うなず》いた。

「カメラのバッテリーもあと一日ぐらい大丈夫。行っちゃいましょうか」

この舟がコルカタの水上ラブホ。シャワーはありません。あしからず

悩んでいるのは僕だけだったのかもしれなかった。やはり年をとったのだろうか。いや、彼らの体がバス旅向きの体質に染まってしまったのだろうか。

「下川さん、あの舟、見てくださいよ。なにか変だと思いません？　船着場から少し離れたところにある舟ですよ。カーテンがさがっているじゃないですか。さっきまでこの船着場につないであった舟ですよ」

「ここにつないであった？」

「そう、よく見ててください。ときどき揺れるんですよ」

「人がなかにいるんだ」

「さっき、この公園の花壇のところにいたカップルですよ。この下で船頭に金を渡して、十メートルほど沖まで出してもらったんです。それで船頭はカーテンを閉めて、舟から離れたんです」

「…………！」

「こういうとこでやってるんですね」

「そういえばコルカタの街のなかに連れ込み宿があるって話は聞いたことがない」

「昼間ですよ。それも川の上」

「この川、汚いんだよな。力車のおじちゃんが体を洗うし、水に浸《つ》かってウンコもする。昔、この川で死体が流れてきたのを見たこともある。いまだっていろんなゴミが浮いてる。でも、いいんだろうな。インド人はこの川で。なにしろこの公園は『エデンの園』っていうしな」


バスの出発までですることもない僕らは、その舟をぼんやりと見ていた。三十分ほど経っただろうか。カーテンが開き、なかからカップルが顔を出し、船頭を呼んだ。女性の笑顔につい想像力をたくましくしてしまう。

しかし、これからバスに乗って体力はもつんだろうか、と悩んでいた僕の脇で、橋野君はそんなことを考えていたのである。鋭い注意力といえばそうなのだが、若い者にはついていけないとも思うのだ。ひょっとしたら、きついかもしれないインドのバス旅の足手まといになるのは僕なのかもしれなかった。

かつてのアジアのバスだった。三時半頃、バスに乗り込んだ。リクライニングで背が倒れた痕跡《こんせき》はあるのだが、レバーは完全に壊れ、背もたれはまったく動かなかった。シートからは汗が染み込んだ饐《す》えた臭《にお》いもした。座席は狭く、足を十分に伸ばすこともできない。もちろん空調はないから、窓は開け放たれたままである。発車時刻が近づくと、どこからともなくわらわらと人が乗り込み、ほぼ満席になった。このバスに十五時間か……。もう諦《あきら》めるしかなかった。

バスはまずコルカタ市内をまわりはじめた。車掌は乗車口のドアを開け、道行く人々に大声で行き先を叫びつづける。まだ客を乗せるつもりらしい。ひとまわりすると、鉄道のハウラー駅近くの商店の前で停まった。車掌と運転手が降り、店先に積んであった横一メートル、長さ二メートルに高さは一メートル以上もある荷物を屋根に積みはじめた。ぼんやり眺めていると、その数は十個を超えた。屋根にはどれほどのスペースがあるのだろうか。ぼんやりとその光景を眺めながら、昔のアジアのバスが蘇《よみがえ》ってくる。これだけの荷物を載せるのなら、発車時刻前にするのが筋だと思うのだが、アジアのバスはいつもこうだった。その作業をなんの文句もいわずに受け入れることがアジアの常識だった。

トラックのようにも利用されるバスを、韓国からの道のりのどこかで体験するのかと思っていたが、中国や東南アジアのバスはあまりに進化していた。昔ながらのアジアバスに、ようやくインドで出合った。覚悟しなければいけないようだった。

しかし二時間ほどかかってコルカタ市内を抜けたバスは、インドには似つかわしくない不思議な風景のなかを走っていた。自転車力車や人のいない道を進んでいたのだ。

「これってもしかして高速道路？」

間もなくしてバスは料金所に停まり、この推測が証明されてしまったのである。インドにもあるのだ。すでに高速道路がつくられていたのだ。その距離は二百キロにも及んでいた。考えてみれば当然のことかもしれなかった。インドには膨大な貧困が横たわっているのかもしれないが、バンガロールのIT企業に代表されるような先端社会も抱える国だった。その経済力は世界からも注目されていた。高速道路があってもおかしくない、高度成長を誇る国でもあるのだ。

だがそこを走るバスがインドなのである。バングラデシュを走るボルボ社のバスなら、平気で百キロが出てしまうような立派な道ができあがっているというのに、バスは最高でも七十キロしか出ない旧式のTATA社製なのだ。そこがインドでもあった。デリーやムンバイに行けば、輸入された小型車が風を切って走っているというが、インドは基本的に自前でバスをつくり、それにこだわる国なのである。貧困と富という矛盾を抱える世界の多くの国に比べれば、それは潔《いさぎよ》いほど健全にも映る。隣のバングラデシュには金もち専用の高級バスが導入されているが、バスをつくる技術すらない。こうして世界の国々は、先進国の草刈り場になっていくという重い現実をさまざまな国で見せつけら

高速道路の料金所。でも高速料金は50ルピーもしない。150円以下。いいよなぁ

れている僕にしたら、インドが選んでいる道には頭がさがるほどだった。これがこの国を支えているインド式の経済感覚というものらしい。バスで旅する身には、なんとかしてほしいとは思うのだが、それは旅人の勝手なわがままであることもわかっている。いやこの国は、どこまでいっても頑固ということなのだろうか。なにしろ二十年このかた、バスの発車時刻を変えない国なのだ。

だからなのだろうか。インドには長距離バスという発想すらないかのようだった。パトナーという五百キロを超える先の街をめざすバスだから、かなりの区間をノンストップで走るのではないかと僕は思っていた。しかし高速道路の道端や一般道に乗客がいれば、これでもか、これでもかと客を積み込んでいく。いってみればこのバスは、パトナー行きの路線バスでもあったのだ。

そう考えれば合点がいくことが多かった。このバスはトイレなどついていなかったが、五時間近く休憩をとらなかった。食事のためにバスが停まることがなかったから、僕らはわずかな時間にカレーをかき込むしかなかった。そういったことも、このバスが路線バスだと思えば納得がいくのだ。路線バスでありながら、夜通しで十五時間も走ると思えばいいわけだ。

平等のバス——。夜更《よふ》けのドライブインでそんなことを考えてもみる。ここには僕らが乗っているようなバスが次々にやってきた。屋根には人が鈴なりに乗っているバスが多かった。それも路線バスなのだ。インドには路線バスという一種類のバスしかないと考えればよかった。隣の州に行くために十時間以上乗る人も、一キロ先の市場に買い物に行く人も、皆、同じバスに乗る。どんなに金もちであっても、それしか選択肢がないのだから、バスという乗り物の前で、皆が平等になってしまうのである。それはすごいことだった。考えてもみてほしい。東京都内を走る都バスが、その路線の延長で大阪まで走るようなものなのである。インドという国は、杜撰《ずさん》で大雑把なのか、あるいはとことん頑固なのかはわからないが、コルカタ市内を走るバスも、パトナーまで十五時間も走るバスも、同じルールとシステムを当てはめてしまっているようだった。

なかなか眠れなかった。エンジン音は高く、窓は開け放たれているから、いつも騒音のなかにいるようなものなのだ。一気に進むかと思えば、深夜の二時だというのに客を乗せ、その荷物を屋根にあげようとするから、天井から響く足音でどうしても目が覚めてしまう。夜行バスも三日目に入っているから、脳は慢性的な寝不足のなかで朦朧《もうろう》としている。ぼんやりと暗い車窓を眺めていると、いったい僕はいま、どの国にいるのかわからなくなってきてしまう。座ったままうとうとするしかないのだが、眠りが浅いせいか、夢ばかり見る。そんなとき、窓にバスの虫がにっと嗤《わら》っているのが見えてしまうのだ。大阪から博多まで乗ったバスのあの嫌な感覚が蘇ってくる。しかしそれがいったいいつのことだったのか、疲労でぼんやりとした脳細胞では思い出すのに時間がかかる。それでもTATA社製のバスは、走ることを運命づけられているかのように進んでいく。

パトナーに着いたのは、朝の六時半だった。しかしそこはパトナーの手前六十キロほどの小さな村だった。どうしてここが終点なのかもわからず、そこで待っていたバスに乗り換える。パトナーの私営バスターミナルに着いた頃には、陽が高くあがっていた。

休みたかった。とにかく、音のしない部屋で眠りたかった。頭のなかにはエンジン音が渦巻いている。走りつづけていると、ランニングハイという一種の高揚状態に陥るという。バスターミナルに降り立った僕はそんな言葉を思い出していた。バスハイといったところだろうか。意識だけがぴりぴりしているのだ。しかし体は鉛のように重い。ぐるぐるとまわる頭のなかで、次のバスを探さなければいけないと、まるで呪文《じゅもん》のように唱えていた。インドのバスの毒気のようなものに、身も心もとり込まれ、バスの虫のようにバスターミナルを徘徊《はいかい》していた。

バス会社の職員に、デリー行きはないかと訊いてみた。

「そんなバスはここにはないよ」

つれない返事に目的地までの距離をしだいに狭めていく。街の名前がベナレスまで近づいたとき、職員の眉毛《まゆげ》がぴくりと動いた。

「でも、このバスターミナルからは出発しないよ。市内のガバメントバスターミナル。ここから八キロぐらいあるかな」

三輪タクシーに乗って、そのバスターミナルをめざさなければいけなかった。しかし辿り着いたガバメントバスターミナルには一台のバスも停まっていなかった。

「ベナレス？　いまは運休中だね。途中の川に架かる橋が壊れてしまって、大型車は通行できないんだよ」

パトナーからデリーどころか、ベナレスまでも出ることができなくなっていた。州都でさえこのありさまだった。僕はアジアハイウェイの地図を出して説明をつづけた。初老のバス会社の職員は、その地図に視線を落としながら、得意げにこういうのだった。インド人はいつもこうなのだが。

「方法はひとつだけある。ここからブッダガヤー行きのバスに乗る。国道で降りて、ベナレス行きのバスをつかまえればいい」

「すいません。僕らはコルカタから、ブッダガヤーの近くを通ってパトナーまで来たんです。その道を戻れっていうんですか」

「悪いね。それしか方法はないよ。ブッダガヤーまで行けば、ベナレス行きのバスはきっとあるはずだ」

地図を手にしながら座り込んでしまった。僕らはインドのバスの迷路に入り込んでしまったようだった。

翌朝、僕らはUK・シンが運転するアンバサダーのタクシーに乗っていた。これが僕らがとった最良の選択だった。

パトナーのバスターミナルで、ブッダガヤーに戻るしか方法はないといわれたとき、僕は体力の限界のようなものを感じていた。体が動かないというわけではない。脳の働きに黄色の信号が点滅しているような感覚だった。恒常的な睡眠不足が血を濁らせていた。夜行バスが三晩もつづいたのだ。判断力がないというより、考えることを脳が拒否しはじめているような気がした。

まずベッドだった。パトナー市内の宿に入り、シャワーを浴びた。開け放たれた窓から吹き込む風にひと晩晒《さら》され、体は汗臭く髪の毛は汚れでべっとりと重かった。手は煤《すす》け、爪《つめ》は真っ黒だった。髪の毛はシャンプーをつけてもなかなか泡がたたなかった。シャワーで洗い流すと、どす黒い湯がバスタブを流れた。

僕につづいてシャワーを浴びた阿部氏もさっぱりした面もちで浴室から出てきた。

「インドのバスってすぐ汚れる。どす黒い泡がでますからね」

阿部氏とはこんな旅ばかりしてきた。中国の四川省から青海省までバスに揺られたときもそうだった。チベット人が暮らす標高四千メートルを超える道筋だった。真冬のことで、気温はマイナス二十度にもなるというのに乾燥していて、バスは砂煙のなかを何日も走りつづけた。ようやく蘭州の街に辿り着き、十日ぶりにシャワーを浴びた。そのときもどす黒い泡がたった。ここまで汚れるのに中国は十日かかったが、インドはたったひと晩で体が真っ黒になる。なんという国だろうか。阿部氏の顔もいくぶん白くなった気がする。おそらく僕の顔もそうなのだろう。

だいぶ軽くなった体をベッドに投げ出した。腰が伸び、この世のものとは思えない快感が体を駆けめぐった。血がようやく流れはじめたような感覚だった。ひと眠りした。目が覚めると、天井にインドの地図が浮かんでくる。長いインドのアジアハイウェイの四分の一も進んでいなかった。そしてパトナーの街で、その進路に暗雲が垂れ込めてしまっていた。

橋が壊れたという話は不穏だった。ネパールのマオイストの存在が頭に浮かんだ。パトナーのあるビハール州は、その北でネパールと接していた。彼らのゲリラ活動の拠点はインドにもあるといわれていた。

だからといって、ブッダガヤーに戻る気力はどこにもなかった。そこまで行けばベナレスまでのバスに乗ることができるという保証もなかった。パトナーへ行けば、デリー行きのバスがあるかもしれないという目算は脆《もろ》くも崩れ去り、僕らはバスでの進路を閉ざされつつあった。なんとか軌道を修正する必要があった。

残った手段はタクシーだけだった。壊された橋は、バスは無理でもタクシーなら通ることができるのではないか。ここからうまくタクシーでベナレスに出ることができれば、アジアハイウェイの一号線に戻ることができる。

僕はひとりでホテルを出た。阿部氏と橋野君は充電の真っ最中だった。体の充電ではない。阿部氏は撮影した写真のバックアップやバッテリーに電気を貯《た》めなければいけなかった。橋野君も持参したデジカメや動画も撮れる携帯電話の充電に忙しかった。ＩＴバックパッカーの弱点は電気なのだ。

ホテルに近いガソリンスタンドの前にタクシーが数台停まっていた。交渉すると一キロ六ルピーだという。インドでは長距離になるとそういう計算をするらしい。ベナレスまでは三百五十キロだから二千百ルピーになると電卓片手に算出する。

「これは片道。タクシーはパトナーに帰ってこなくてはいけないから、料金はその倍になる。四千二百ルピーだな」

「普通、帰りは客を乗せないんだから割引になるんじゃない?」

運転手たちは虚を衝《つ》かれたような惚《ほう》けた表情をつくった。こんなことをいった客ははじめてだ、といった態《てい》なのだ。インドという国は実に単純な経済観念に支配されていた。やはり大雑把なのか。いや頑固なのか。しかし日本円で一万二千五百円は高い。僕が渋っていると、後ろのほうにいた細面の運転手が手を挙げた。

「俺が三千で行く」

それがUK・シンだった。

UK・シンの車はインドの国民車ともいえるアンバサダーだった。黒いアンバサダーは僕らとホテルで知りあったイギリス人バックパッカーの計四人を乗せて、麦畑がつづく広大なビハールの平原《はら》を、ほぼ西に向けて進んでいた。三月末だというのに、そこに吹く風はすでに熱を孕み、乾いた大地を吹き抜けていく。畑で腰を屈《かが》める女性のサリーがその風にぱたぱたと揺れる。強い陽射しを浴びて水牛が寝転んでいる。そのなかを、まるでメーターが壊れているのではないかと思うほど、アンバサダーは時速七十キロの速度を保ちつづける。シンはなかなか腕のたしかな運転手だった。態度も毅然としてい

ベナレスまで運んでくれたＵＫ・シン。愚直なインド人。好きなタイプだ

た。途中の町で休憩をとった。僕らはそこでミルクティーを飲んだ。シンにもすすめたが、彼は丁重に断った。ベナレス近くになると、道が不案内なのか、バスを待っていた学生を乗せて道案内をさせていた。午後三時。八時間アンバサダーに揺られた僕らは、ベナレスの鉄道駅に近いバスターミナルに着いた。シンはバックシーシひとつ要求してこなかった。僕にはひとつの不安があった。パトナーを出発してすぐ、シンはガソリンスタンドに寄った。ガソリンを二千ルピー分入れたが、そのときシンは掌にボールペンで『２０００』と書いた。つまりそれを僕に払ってくれといっていた。普通、交渉した運賃にはガソリン代は含まれている。しかしここはインドなのだ。降りる段になって、ガソリン代は別料金とい い出しかねなかった。僕はベナレスのバスタ

ーミナルの前で、残りの千ルピーを手渡した。彼はその瞬間、表情を緩め、「ありがとう」といった。それで終わりだった。彼はひと仕事を終えたといった態で運転席に戻った。無口だが、仕事は忠実にこなす。気持ちのいい男だった。

再びバスの旅がはじまることになった。

しかしここまできても、まだデリー行きのバスはなかった。どういうバスが運行しているのかわからない僕らは、バスの案内係の詰所のような部屋を訪ねた。そこはバス案内のアナウンス室のようで、サングラスをかけたおじさんがマイクを握っていた。声をかけると、そのおじさんがその部屋から外に出てきてくれた。おじさんは目が不自由だった。僕らがデリーという行き先を告げると、まるでマイクでバスを案内するときのような口調の英語が返ってきた。

「午後五時発のバスに乗ると、午前一時にカンプールのバスターミナルに着く。デリー行きは午前二時発。カンプールからデリーまでは十時間だから、正午にはデリーに到着します」

立て板に水である。おそらくこのおじさん職員は、ベナレスを発着するバスはもちろん、その接続まですべて記憶しているのに違いなかった。盲目というハンディを記憶力で克服していた。二十年もバスのタイムスケジュールが変わらないというインドだからこそ発揮できる能力なのかもしれなかったが、その即答にはコルカタの旅行会社の職員やいい加減そうなバス会社のスタッフよりも説得力があった。なんだか僕らも、デリーに着けるような気になってくるから不思議だった。

時計を見た。午後四時をまわっていた。阿部氏や橋野君は、ガンジス川に沿ったガートと呼ばれる沐浴場《もくよく》を見たかったようだが、そんな時間はありそうもなかった。このバスを逃すとおそらくデリーに着くのが一日遅れてしまう。バスに乗ってしまえば、なにもすることがない膨大な時間の空白に放り込まれるのだが、バスの出発時刻が迫っている場合は観光地を訪ねる二時間すらを捻出できないのがアジアハイウェイの旅でもあった。

阿部氏も橋野君もインドははじめてではない。おそらく以前に訪ねたとき、ガンジス川に沿ったガートを見ているはずだった。沐浴する人々の近くで、ここで死んだ人の体を荼毘《だび》に付す。人間の生とか宗教というものがわからなくなり、インド的な宇宙が脳裡《のうり》を駆けめぐる。あの場所にもう一度立ってみたかったに違いなかった。しかしバスの旅ではその時間がとれないのだ。

カンプール行きのバスを決めるときにも悩んだ。実はこのバスはアーグラーが終点だった。アーグラーにはタージ・マハルがある。まだ二十代の頃、インドを歩いていたとき、この有名な墓の前で一日近くぼんやりしていたことがあった。左右対称のたまねぎ型ドームはやはり美しく、まったく飽きなかった。それ以来、この墓廟《ぼびょう》は見ていない。

時間が許せば再びという思いはあった。しかしバス会社の盲目のおじさんは、

「アーグラーまで行くと接続がよくない。デリー着が夜になってしまう」

と接続時刻を諳《そら》んじたのだった。タージ・マハルも諦めなければならなかった。

韓国以来、僕らはいくつかの国を通過してきたが、北京の故宮を見たわけでもなく、世界遺産のベトナムのハロン湾の船に揺られたわけでもなかった。ただバスに乗っているだけなのだ。インドの大地を走っても、ベナレスやタージ・マハルを見る時間がなかった。これが旅なのだろうか。

カンプール行きのバスは、五時少し前にやってきた。車内に乗り込んだ僕は溜め息をついた。

「ついにここまで零落《おちぶ》れたか……」

紛れもない路線バスだったのである。コルカタからパトナーまで乗ったバスは、リクライニングは壊れていたものの、一応、ひとりにひとつの椅子というスタイルだった。しかしカンプール行きバスは通路を挟んで左右にベンチ状の椅子が並べられているだけだった。幅から想像すると、片方がふたり、もう片方が三人がけである。座席の指定はなく、客は勝手にどこでも座ればよかった。もちろん背は垂直だ。前の席との間隔は短く、足は斜めにするか大きく開かないと座ることができない。トイレや空調、ビデオなどは望むべくもなかった。完全に短い距離を乗る人のためのもので、僕らのように始発

ベナレスからカンプールまで乗ったバス。完全な路線バス。外観でわかるはず

から終点まで乗る客など想定していないつくりだった。カンプールという街まで、このバスに八時間も揺られなくてはならないのだ。切符は車内の車掌から買うスタイルだった。路線バスなのだから当然といえば当然である。だが安かった。カンプールまでひとり百七十二ルピー、五百円ほどである。しかし、この安さを素直に喜ぶ気にはとてもなれなかった。

ホテルに一泊はしたものの、疲れが完全に消えたわけではなかった。パトナーの街では、バングラデシュのダッカを出発して以来、六日ぶりにビールを飲み、泥のように眠ったが、再びバスに乗ると、激しいエンジン音や車の揺れが、また疲労を呼び起こすようだった。それは阿部氏や橋野君も同じようだった。韓国、中国とバスに揺られていたとき、橋野君は緊張で車内ではほとんど眠れなかったようだが、人間、目覚めても、目覚めてもバスのなか……といった旅をつづけていると、旅の緊張などどこかに霧散し、平気な顔でバスのなかで舟を漕《こ》ぐようになるものだ。これを進化といっていいのか、そこまでは堕《お》ちたくはないと思うのかはそれぞれの勝手だが、そんな意識とは関係なく、気がつくと眠ってしまっているのだ。

しかし同じ眠るにしても、このバスはきつかった。背もたれに体を預けることが難しいから、座ったまま寝るか、前の背に頭を預ける体勢をとるしか方法はなかった。それでも寝てしまうのである。前の席に座っている橋野君の体が、左右にゆっくりと揺れているのがわかる。いま、どんな夢を見ているのかはわからないが、この旅で、バスのなかで眠ることだけはできる体質になってしまった。

陽は間もなく暮れ、バスはアジアハイウェイ一号線に沿って西へ、西へと進んでいく。知らない街をいくつも通り、さまざまなインド人が乗り降りする姿を眺めていると、僕もつい眠ってしまう。しかし体勢がきついからすぐ目が覚めてしまう。そんなことを繰り返しているうちに、広い敷地をオレンジ色のライトが照らすカンプールのバスターミナルに着いた。時計を見ると午前一時。盲目の職員が伝えてくれた定刻だった。

バスターミナルといっても屋根があるだけの吹きさらしだった。床には、何人ものインド人がマグロのように寝ていた。皆、それ用に布を持参していて、それをすっぽり被《かぶ》

カンプールのバスターミナル。こうやって皆、寝ている。気持ちよさそうに

り、コンクリートの床の上で直《じか》に寝ていた。その間を縫うようにオフィスに出向き、デリー行きのバスを確認しようとした。しかしそこにいた職員はまったく英語が通じなかった。ワン、ツー、スリーといった数字すら伝わらず、いったい何時にデリー行きが出発するのかわからなかった。なんとか時計を指さしてもらい、二時にはバスがやってくるらしいことがわかったが、こんなにも英語が通じないインドもはじめてだった。

思い返してみれば、コルカタでフーグリー川の脇にあるターミナルに着いてから、まったく英語が通じない世界を歩いてきた。英語を話してくれたのは、パトナーとベナレスのバスターミナルの職員ふたり、そしてパトナーのホテルのフロントだけだった。これまでも何回か僕はインドを旅している。ほとんどの旅が列車を足に使っていた。駅のホームの職員や車掌などは、こちらがたじたじになるぐらいに速い巻き舌英語を使ったものだった。そんな旅の経験から、インドは英語が通じると思っていたのだが、どうもそれは表向きの顔だったらしい。バスの世界にどっぷりと入り込むと、インドが英語圏であるといわれているのが嘘であるかのようにまったく通じないのである。おそらくこれも奥深いインドの、もうひとつの姿のようだった。鉄道の旅を表世界とするなら、インドのバス旅は、外国人が入り込まない裏世界なのかもしれなかった。コルカタの街でバスを探し歩いていたとき、人々が、

「列車しかない」

と口にしたのは、そんな理由があったのだろうか。

デリー行きのバスがやってきたのは、午前二時だった。またしてもベンチ型椅子が左右に並んだ路線バスだった。このバスに今度は十時間である。食料も確保しなくてはならなかった。ベナレスからカンプールまでのバスには、食事休憩がなかった。路線バスなのだから当然なのだが、僕らはそのバスを始発から終点まで乗り続ける珍客なのである。カンプールのバスターミナルで売っていた冷たいサモサというカレー味コロッケで空腹はしのいだものの、深夜のターミナルにそれ以上の食料はなかった。

バスは暗い道を威勢のいいクラクションを鳴らしながら進んでいた。デリーに近づい

ているせいか、トラックの数も多くなってきた気がした。眠ろうとするのだが、この椅子では深い眠りには入れそうもなかった。運転手は眠気覚ましと思っているのか、独特のリズムのインド音楽のテープをがんがんと流す。これはもう僕らにしたら拷問《ごうもん》に近かった。することもなく、ただ、前のトラックのテールランプを見つめるしかない。慰みといったら、そう、バッグからとり出すペットボトルから水を飲んで喉《のど》を潤《うるお》すことぐらいだった。なんだかインドのバスの旅は、修行僧の世界に入り込んできた気さえする。

阿部氏も橋野君も眠れないようだった。前に座る橋野君が呟《つぶや》くようにいう。

「あの音楽が日本の曲に聞こえてしかたないんです」

彼も相当に疲れているようだった。そういえば、中国のバスでジャッキー・チェンのビデオから流れる声が、「新婚さんいらっしゃい！」と聞こえるといったことを思い出した。橋野君は寝不足がつづくと、すべての音楽が日本の曲になってしまうのだろうか。

隣に座る阿部氏がぽそりと口を開いた。

「ベナレスからのバスに乗ったときから不思議だったんですけど、インドのバスってウインカーを使わないんですよ。ひょっとしたらないのかもしれない。トラックもウインカーを使わないんです。ほら、これから前のトラックを追い越すから見ててください。前の車を追い越すとき、ウインカーを使わず、ただひたすらクラクションを鳴らしつづけますから」

僕はいわれるままに前を見た。たしかにそうだった。前のトラックのライトはなにも光らず、バスの運転手はクラクションをひたすら鳴らしつづけてそのトラックを追い抜いて前に出た。

「そうでしょ。それにこのバス、クラクションが鳴るスピーカーが車内についてるんです。ほら、あそこ。だからうるさいんですよ。このバス」

「………」

眠れるわけがなかった。窓が開け放たれているから、クラクションの音がこんなにも響くのかと思っていたが、そのスピーカーが車内に向けてとりつけてある。いったいなんということをインド人はするのだろうか。これがサービスとでもいうのだろうか。これは路線バスだが、なんとか眠ろうとしているのは僕らだけではないはずだった。昼間に走るのならいざ知らず、このバスは午前二時に発車しているのだ。ほかの乗客にしても、眠いのに違いなかった。しかし運転手は、俺が起きて運転しているんだから、お前らも寝るな……といったノリでクラクションを鳴らし、バス停をひとつ、ひとつ停まっていくのだ。運転手は、僕らがアジアハイウェイを走破しようとしているとは想像もつかずに、ハンドルを握っているのだろうが、仮にそれがわかったところで、けたたましいクラクションを鳴らすことを止《や》めはしないインド人だった。

インドの車にはほかにも不思議なことがあった。パトナーから乗ったアンバサダーにはワイパーとサイドミラーがなかった。そんなものがなくても運転はできるということらしい。インドという国は、やはりわが道を進みつづけていた。

日本からすでに六カ国のアジアハイウェイを走破し、いまは七カ国目になるのだが、いちばん多く事故を目撃しているのもインドである。転倒したトラックや衝突した車が無造作に置かれている事故現場を五カ所も見ていた。やはりウインカーぐらいはつけるべきではないか。そのほうが安心して乗ることができる。きっと乗り心地だってよくなるはずだ。そんなことをいっても、頑固な彼らは聞く耳をもっていないのかもしれないが……などと、朦朧とした脳で考えてみるのである。

デリーに着いたのは午後一時だった。インドのアジアハイウェイも五分の四ぐらいは走り抜けたことになる。大きなバスターミナルだった。しかしここからパキスタンとの国境に近いアムリッツァルまでのバスは出ていなかった。ISBTというターミナルから出ているという。僕らはいわれるままに市内バスに乗り、そのバスターミナルに向かった。もうどんなバスでも乗ることができる心境だった。

やはり判断力が鈍っていた気がする。久しぶりの都会に僕は浮足立っていたのだろうか。いや路線バスはもうこりごりだとどこかで思っていたのかもしれない。

ISBTというターミナルに着くと、ひとりの客引きに声をかけられた。連れていかれたのは、ターミナルの横にあるオフィスだった。そこにはバスの写真が飾られ、いくつかの目的地別に運賃が掲げてあった。ぴんときた。かつてタイでは、公共のバスターミナルの横に、こんな私営長距離バスのオフィスがあった。いまではいっしょのターミナルになってしまったが、その種の私営バスは速さとサービスを売り物にしていた。インドに入国して以来、一度もこの種のオフィスには出合っていなかったが、さすが首都のデリーなのである。「時は金なり」という富裕層向けの需要が生まれてきてもおかしくはなかった。

僕はそんなバスに出合ってちょっと興奮していたのかもしれない。これで距離が稼げる……。訊くと午後五時半に発車し、十時半にはアムリッツァルに近いジャランダーという街に着くという。これであの路線バスとはおさらばである。だがやはり僕は疲れていたようだ。それがわかるのは、バスがデリーを離れて二時間ほど走り、夕食のために停車したドライブインだった。

これでインドを脱出できる——。

路線バスの迷路から抜けられる……。

僕らはバスターミナルの入口にあったマクドナルドに入ってみた。ベジバーガーという牛を食べることがないインドならではのメニューを頼み、三人で席に着いた。周りにいるのは、金もちのお嬢ちゃん、お坊ちゃん風の小綺麗な若者が多かった。そのなかでは僕らはちょっと場違いだったかもしれない。パトナー以来、三十時間近くタクシーやバスに揺られてきた。窓はいつも開いていたから、吹き込む砂ぼこりで顔は煤け、髪はずっしりと重かった。途中で橋野君が、

「鼻くそがもっさりととれる」

といったが、それは全員同じだった。ひょっとしたら、排ガスを吸い込んだ鼻の周りも黒ずんでいたのかもしれない。頭は寝不足で重かったが、体も汚れで重かった。僕らはベジバーガーを食べる前に、手や顔ぐらい洗いたかった。指や爪は真っ黒だった。だが店には洗面所がなかった。そんなに汚れた人は客ではないと暗に主張しているようで、少しむかっときた。しかし腹は減っている。僕らは周囲のインド人から、

「あの薄汚れた日本人はなんなのよ」

と後ろ指をさされているような気さえした。なんだかベジバーガーを手にするのが恥ずかしかった。インドの路線バスという裏ルートからデリーにぽんと出てしまった僕らは、山から降りてきた仙人のような姿だったのかもしれない。

バスは定刻に発車した。十六人乗りの小型バスだった。しかし勇んで乗った僕らは、そこでインドの厳しさを味わうことになる。直前にチケットを買ったせいか、与えられた席は、運転席の周囲につくられた補助席のようなところだったのである。こういうスタイルが日本にはないので、説明が少し難しいのだが、この小型バスは、通常の座席と

運転席が壁で仕切られていた。普通の席はリクライニングがしっかり効き、空調も万全で、ビデオも見ることができる快適そうな席だった。しかし壁で仕切られた前の席は、幅二十センチほどの板がL字型に運転席を囲むように渡されただけの簡易座席だった。そこに七人の客がぎゅうぎゅうに押し込められるのである。足を置くスペースすらない狭さで、ひとりが腰をあげると、隣の人も引きずられて腰が浮いてしまうほどだった。焼き鳥の肉のようなものだったのだ。

こういう席だとわかっていれば、運賃の値引きを交渉すべきだった。しかし僕らはそんなこととも知らずに、ひとり三百八十ルピーを払ってしまっていた。日本円で千百円ほどである。ベナレスからデリーまで乗ったバスに比べればずいぶん高い運賃を払ったというのに、その狭さは路線バス以上だったのである。僕の座った場所の上にはビデオが備えつけられていた。どうも座席と運転席を仕切る壁は、ビデオを固定するためにつくられた気がした。その席は最悪だった。映像は見えないというのに、意味のわからない音だけが頭の上からびんびん響くのである。そのなかではとても眠ることもできず、ただ黙って座っているしかなかった。このバスで明日の朝まで……。

バスは七時すぎに、小綺麗なドライブインで停車した。このバスは路線バスではないから、ちゃんと夕食の時間がとられている。定食風のカレーをナンで頬張りながら僕は口を開いた。

ジャランダーまで乗ったバス。途中でこの席が空いて移ったが、ものすごく狭かった

「このバスで明日の十時半まではきついよなぁ」

聞いていたふたりが慌《あわ》てて顔をあげた。

「嘘でしょ。夜の十時半ですよ。だから後三時間半。あのチケットを買ったオフィスでたしかに夜の十時半だと……」

「そ、そうなんだ。夜だったんだ」

本当なら飛びあがるほど嬉しい聞き違いだったはずだ。しかしそれを聞いた僕は、驚くほど無感動だった。いま思い返しても不思議なのだが、その会話はなんの違和感もなく聞こえたのだ。僕はもう、どうでもよかったのかもしれない。インドのバスに精力を完全に奪いとられていた。

しかし夜の十時半というのは、バスのチケットを売ったオフィスの大嘘だった。ジャランダーという街に着いたのは、翌日の午前二時だったのである。数少ない街灯を頼りにホテルを探した。開いていたのは、一泊七千円近くもする高級ホテルだけだった。僕らはそれが儀式であるかのように、コンセントを探して充電に走り、順番に風呂に入った。シャンプーで洗った髪からは真っ黒い湯が流れた。橋野君はバスタブに湯を溜めたらしい。

「もうお湯がネズミ色ですよ」

バスタオルで髪を拭《ふ》きながらそういった。彼の顔も風呂に入る前に比べると、心なしか白くなった気がする。たぶんそれは僕も阿部氏も同じだった。

そこまでは僕も覚えていた。しかしその後の記憶がない。覚えているのは、妙に頭が熱いということだけだった。僕はベッドに横になると、あっという間に寝入ってしまったらしい。

翌朝、その後のことを阿部氏がこう話すのだった。

「あの後、ビールでも飲んで一気に寝ちゃおうって橋野君がいうんです。それもいいかなって頷き、橋野君が部屋の電話をとって、俺に訊くんですよ。『どうしていま、俺は受話器をもってるんだろう』って。椅子で話していて、三歩ほど歩く間に忘れちゃったんです。僕らやばかったですよ」

僕も同じことを考えていた。

その夜、僕は生まれてこのかた、見たこともなかったほどたくさんの夢を見た。次から次へと夢が湧き出てくるような感じだった。

どこか自分が怖くなった。

これはどこかでちゃんと休まなくちゃいけない――。

そうでもしないと脳が壊れてしまう。

まじめにそう考えていたのだ。しかしいったいいつ、ゆっくり休めるのかとも思う。

どこかでのんびりしてしまったら、もう腰があがらず、バスに乗る気力が湧いてこないような不安が頭をもたげてくる。

コラム　トラウマになったバス

この旅で、インドのバスはトラウマになってしまったのだろうか。ここ十年ほどの間に僕は三回、インドを訪ねているが、一回もバスには乗らなかった。避けてきたといってもいい。できる限り、列車と飛行機を使うようにしていた。

しかしそうもいかないときもある。

インド最南端のカンニャクマリを訪ねたことがあった。トリヴァンドラムに出、そこにある空港から日本に帰る予定だった。たいした距離ではない。三〜四時間だろうか。列車もあったが、時間がうまく合わない。このくらいの時間なら大丈夫だろうと、バスに乗った。とくに問題なく、トリヴァンドラムに着くことができた。

しかしブッダガヤーからコルカタに向かうときは悩んだ。列車もあったのだが、数時間は必ず遅れるという噂だった。

僕はデリーから列車でブッダガヤーに近いガヤに向かったのだが、夜の十時頃に着く列車が大幅に遅れ、ガヤの駅に降りたのは翌朝の七時すぎだった。その遅れを身をもって体験してしまった。

コルカタからバンコクに向かうことにしていた。飛行機も確保していた。ＬＣＣだから、遅れると飛行機代は無駄になってしまう。

訊くとガヤから夜行バスがあるという。

「どんなバス？　ベンチ式の椅子？」

「違うさ。ちゃんとした寝台バス。ガヤからコルカタに向かう列車はだいたい遅れるから、バスを使う人が多いよ」

「エアコンもある？」

「当然さ」

インドではこの種の話を信じてはいけないのだが、どんなバスであろうと、翌朝にコルカタに着いてくれればよかった。

しかし列車とバスを天秤にかけると、バスに軍配があがりそうだった。

いけない。この発想が墓穴を掘る。

ブッダガヤーから力車でガヤに向かった。三十分ほどである。しかしその途中で猛烈なスコールに襲われ、全身、濡れネズミ状態。悪い予感がした。

指示された場所に行くと、すでにバスが停まっていた。しかしドアが開いていない。

持参していた折り畳み傘をさして待つことにした。

するとと、おじさんに声をかけられた。

「それ、貸してくれないかな」

おじさんは僕の傘をさしてバスに向かっていった。近くの茶屋の軒先で雨をしのぎながら、おじさんを見ていた。彼がカギでドアを開けると、バスを道まで動かした。運転手のようだった。

「日本人はいいものをもってるね」

おじさんは傘を返しながら口を開いた。このおじさんの運転で大丈夫なのだろうか。不安がよぎったが、バスは翌朝、定刻にコルカタに着いた。本書でパトナーまでバスに乗った場所だった。インドのバスも少し進化したということか。

8章　パキスタン

一気に箍《たが》が緩んだような気がした。

インドからパキスタンに抜ける国境の道は二キロほど距離があった。そこは一列に並んだポーターたちの道でもあった。インドは青や緑、パキスタンは赤系と上着で色分けされたポーターたちは、ひとつ十キロは超えそうな荷物を頭に載せ、長い国境の道をとぼとぼと歩いていた。

その脇を歩き、パキスタンに入った。イミグレーションの窓口でパスポートを出すと、入国スタンプを捺《お》した後で、入国カードを書けといわれた。両替のための銀行は閉まっていたが、近くにいたイミグレーションの職員がそれがあたり前のことのように闇両替に応じてくれた。

ドアが壊れたカローラのタクシーに乗ってラホールに向かった。道は未舗装で砂ぼこりがひどい。舗装工事中なのか、ショベルカーが野ざらしになっていた。

でこぼこ道の揺れに体を任せていると、インドの道が懐かしかった。路線バスを延々と乗り継いだ旅は、へろへろになるほどつらかったが、そこには一定の論理があった。アジアハイウェイをバスで走破するなどという酔狂な企画に乗ってしまったから、眠ることもできない過酷なバスに遭遇してしまったが、それが路線バスと考えれば納得もできた。

思い返せば、インドで最後に滞在したのはパンジャブ州だった。ヒンドゥー教徒が多数派を占めるインドでは例外的にシーク教徒の多いこの州は、ただでさえ人々がしっかりしているように映る。寺院は電飾に輝き、朝の道はきれいに掃除され、ゴミひとつ落ちていなかった。

流行《はや》りの言葉を遣えば、それはシーク教徒の人々の品格のようなものだった。しかしパキスタンは金さえあれば、なんでも許されてしまいそうな雰囲気に包まれ、道には行き場のないゴミが散らかっていた。旅人はそんな風景を敏感に察知してしまうのである。

僕らはラホールからクエッタをめざしていた。ラホールで一日休もうか……とも思っていた。インドのジャランダー、そしてラホールと連泊すれば、インドのバスにやられた脳を癒すことができるような気がしたのだ。しかし、車がラホールの街に入り、その雑踏に巻き込まれたとき、阿部氏や橋野君の瞳から希望の色が失われていってしまった。ラホールの市街地は木々が少なく、道路は車が入り乱れ、そこかしこから鳴るクラクシ

ラホールのバスターミナル。異臭が漂う

ヨンがうるさかった。強い陽射しに晒《さら》された街はほこりっぽく、路上には排ガスが充満していた。

「この街じゃ休めないかもしれないな」

そんな気配を感じて、僕は運転手にバスターミナルに行ってもらうように頼んだ。ゆっくり休息できない都市と判断してすぐに先を急いでしまうのは、バス旅行に慣れた旅人の悲しい性《さが》だった。

鼻をつまみたくなるような饐《す》えた臭《にお》いに包まれたバスターミナルだった。バスが無秩序に停まり、その下には積荷から捨てられたような野菜屑《くず》や袋、ひもなどが散乱して異臭を放っていた。そのなかで犬がえさを漁《あさ》っている。おそらくホームレスもここを根城にしているようで、汚物もそこかしこにあるような臭気だった。クエッタ行きのバスは簡単にみつかった。僕らはこのバスでラホールを一刻も早く脱出する決断をした。目の前にバスがあると、それを逃したくない気持ちが勝ってしまうのだった。

カースト社会インドとは違った意味で、貧富の差が激しいパキスタンには、金もち向けの豪華なバスが走っていた。僕らがみつけたのも、クエッタまで千百キロを超えるアジアハイウェイを約二十二時間で結ぶという空調付きのバスだった。運賃はひとり九百ルピー、千九百円ほどである。ミルクティー一杯二ルピーの国で九百ルピーというのは相当な額だった。僕らはその切符を、ゴミのなかにテーブルを出している男から買った。

バスは夕方五時にラホールを後にし、南西に向かって進んでいった。間もなく砂漠のなかにつくられたハイウェイに入っていく。

あれは八時頃だったろうか。僕は車内でうとうととしていた。インドの路線バスとは違い、ひとりひとつのシートがあり、それほど深くはないが、リクライニングも作動した。空調が効くバスだから、窓も閉められ、車内は驚くほど静かだった。インドのバスに比べたら天国だった。ふいにバスが停まり、目を開けると、橋野君が通路を歩いている姿が見えた。彼は腹を壊してしまったようだった。

インドに入った初日は元気だったが、それ以降、彼はカレーに苦労していた。彼はこれがはじめてのインドではないのだが、前に来たときもインドの飯には消化器官を痛めつけられたという。なにがいけないのかわからない。カレー味なのか、使う油なのか。しかしインドにはナンやパン、目玉焼き、そうマクドナルドもあるわけで、インド人から見たらずいぶん偏《かたよ》った食事に見えるのかもしれないが、なんとかそんな食事でしのいでいた。

しかし国が変われば味付けも違ってくる。僕らはラホールのバスターミナル脇にある食堂でたっぷりの昼食をとっていた。インドのバスでは、いつ飯にありつけるかわからない日々がつづき、それがトラウマになっていたのか、食べることができるときには一気に食べておこうという意識が三人のなかに働いてしまうのだった。しかし体はかなり疲れていたのかもしれない。バスがラホールを出発して三時間ほど経ったとき、下腹部を襲うウエーブに耐えられなくなったようだった。

そのとき、なにが起きたのか、僕にはすぐに理解ができなかった。橋野君の姿がバスの前方で消えた後、花火が弾《はじ》けたようなパン、パンという音が車内に響いた。一瞬、いやな予感が脳裡《のうり》をよぎったが、車内は平穏に保たれていた。しばらくすると、橋野君がほっとしたような顔つきで席に戻ってきたが、そのとき、またしてもパン、パンという音が響いた。しかしバスはその音が出発の合図かのようにエンジンをかけたのだった。

「たぶん銃を空に向けて撃ったんだと思います。乗降口にいた男が銃を手にしてましたから。でも、僕にしたらそんなことより……って感じで。もう寸前でしたから」

笑い話ではなかった。橋野君は暗闇のなかで生きた心地がしないまま、ズボンを下ろして、しゃがむしか術《すべ》がなかったのである。

「なにか空砲みたいな音だったけど」

阿部氏が口を開いた。しかし問題はそういうことではなかった。

そこまで治安が悪化していたのだ。このバスは運賃も高く、それなりに余裕のある人が乗るバスだった。武装集団に襲われる危険があったのかもしれない。街を離れた砂漠のなかは危ないのだろうか。バスのスタッフはちゃんと銃を用意していて、周囲を威嚇《いかく》し、橋野君を降ろしたのだった。そして発車する前にも数発。それもこのバスには銃があるというアピールだった。

バスに乗るときもものものしかった。乗客全員が警備員のような男から入念なボディチェックを受けた。いや、すでに、バスターミナル横の食堂で、僕らはパキスタンの現実に出くわしていた。

僕らがテーブルを囲んでいると、近くに白っぽい民族服姿の男が座った。なにやら注文したかと思うと、小型のマシンガンをドンとテーブルの上に置いたのである。兵士がそうするのならまだ怖くはなかった。しかし僕のすぐ隣にいる男は、見るからに普通の民間人だった。パキスタンはいつの間にこんな物騒な国になってしまったのだろうか。

今回、パキスタンを抜けるアジアハイウェイのルートで少し迷った。実はアジアハイウェイ一号線は、パキスタンからアフガニスタンを横断してイランに抜けているのだ。走る距離にしてもそのほうが短かった。

僕と阿部氏は二〇〇二年、アフガニスタンに入っていた。タリバン政権が北部同盟とアメリカ軍を中心にした多国籍軍によって一掃され、新生アフガニスタン政権が樹立されてから半年ほどが経った頃だった。僕らはペシャワールからカブールに入り、マジャリシャリフ、マイマナ、ヘラート、カンダハルとアフガニスタンを一周した。日中の気温が五十度を超える厳しい季節で、かなりきつい旅だった。その旅行記は共同通信社から『アフガニスタン』という一冊の本にまとめられたが、あの頃のアフガニスタンの治安はそれほど悪くなかった。人々はイスラム原理主義を強要するタリバン政権が敗走したことを歓迎し、旧ソ連の侵攻以来、二十年以上もつづいた戦乱が終わったことを素直に受け止めていた。少なくともあの頃、アフガニスタンの人々は、新しい国をつくる希望のなかにいた。

しかしときが経つにつれ、新しい政府も綻《ほころ》びが見えはじめてくる。反タリバン勢力の利権争いもあるだろう。地方の実力者の動きも不穏だった。パキスタンとの国境付近の山岳地帯に逃げ込んだタリバンも再集結し、ゲリラ戦が激しくなっていく。アフガニスタンの治安は、その後数年で急激に悪化した。僕らはアジアハイウェイ一号線を走ることを諦《あきら》めた。残されたルートは、二号線に沿ってパキスタンを南下し、イランに入る、遠まわりの道のりだった。

アフガニスタンの治安の悪化は、パキスタンをも巻き込んでしまっているようだった。いや、パキスタンの治安の悪化がアフガニスタンの不安定の要因でもあった。そもそもタリバンはパキスタンの神学校を拠点にした勢力だった。タリバン政権とは、パキスタンの原理主義者が打ち立てたものだったのだ。アフガニスタンが、九・一一のテロを起こすアルカイダの拠点であることはパキスタンにしたら周知の事実だった。さらに時代を遡れば、アルカイダの成立にパキスタンは深くかかわっていた。かつて、アフガニスタンを支配していた旧ソ連の傀儡《かいらい》政権に対し、ゲリラ活動をはじめたのがアルカイダの原点であり、その拠点はパキスタンだったのだ。そのメンバーのなかに、オサマ・ビン・ラディンやザワヒリもいたのである。しかしインドへの対抗軸としてアメリカに与《くみ》しなければならないパキスタンは、表向きタリバンやアルカイダの掃討作戦をつづけながら、その一方で、彼らを保護し抱え込むという状況に置かれてしまったのである。実際、オサマ・ビン・ラディンやザワヒリは、パキスタンとアフガニスタンの国境付近に潜伏している可能性が高いといわれる。パキスタンの治安の悪化は、そういった国際的な枠組みのなかの問題だったのだ。

均衡が崩れてしまったのかもしれなかった。僕らはそのなかを進まなければいけなかった。ひとつの国をなんとか通過しても、次の国に入ると、また新しい障害がもちあがってくる。なかなか楽な旅はさせてくれそうもなかった。

このバスはトイレがなかったから、二、三時間おきにドライブインや茶屋で停まっていく。車内ではいつもコーランが流れ、日没時には乗客のほとんどがバスを降りて、ドライブインの脇にある簡易モスクでメッカに向かって祈りはじめる。陽が落ちると、砂漠の気温はどんどんさがっていく。西の空には、くっきりと三日月があがっていた。

バスは深夜にインダス川を越えたようだった。目を覚ますと、ごつごつとした岩山から朝陽が昇りはじめていた。このアジアハイウェイの旅ほど、朝陽をよく見たことはなかった。夜行バスに揺られることが多いから、どうしても朝の太陽を目にしてしまうのだ。

クエッタまで百六十キロという表示が出た先の茶屋でバスは停まった。午前九時。朝食ということだろうか。太陽はすでに高く、気候も心地いい。空は真っ青である。パキスタンの茶屋はチャイハネという。お茶も飲めれば、食事もできる便利な存在で、パキスタンの街にいると、一日に数回はお世話になる。地方のチャイハネは、そこにホテルの役割も加わってくる。そのためだろうか。このチャイハネでは、店の前に、木枠に麻ひもを渡したベッドがいくつも並んでいた。そこに横になり、腰を伸ばしながら空を仰ぐ。

「パキスタンだな」

と呟《つぶや》いてしまう一瞬だった。

これまでも何回かパキスタンを旅してきた。つらいバスも多かったが、途中で休むチャイハネだけが救いだった。ここで飲むミルクティーはなぜかおいしいのだ。灌木《かんぼく》が繁る程度の砂漠は見晴らしがよく、伸びやかな気持ちにさせてくれる。イスラムと欧米の狭間で政治的不安定さが募る国になってしまったが、この雄大な自然だけは一級品である。

バスは岩山の間に切り開かれた坂道を登っていった。高度がぐんぐんあがっていくのがわかる。そしてひとつの峠を越え、一気にくだりはじめた。この先にあるのがクエッタの街である。

バスターミナルに着いたのは午後の三時だった。雪を被《かぶ》った山に囲まれたクエッタの街は、標高が五百メートルほどの盆地に広がっていた。すでに太陽は岩山に沈み、冷たい風が殺風景な街路を吹き抜けていた。

嫌な予感がした。バスターミナルの近くに銃を売る店が何軒もあった。いや、それは僕の思いすごしだろうか。

パキスタンからアフガニスタンに向かう公式なルートはふたつある。ひとつはペシャワールからジャララバードを経て、首都のカブールに出るルートだった。そしてもうひとつが、このクエッタからアフガニスタンのカンダハルに出る道だった。

二〇〇二年にカンダハルを訪ねたときの記憶が蘇《よみがえ》ってくる。カンダハルはタリバンの拠点で、多国籍軍の空爆を最も多く受けた街だった。僕が訪ねたとき、市内の一部は瓦《が》礫《れき》の山と化していた。泊まった安宿の入口では、男たちが銃を構えて警備にあたっていた。その夜、僕はホテルの人に呼ばれてロビーに出向いた。そこでカンダハル近郊の村で行われていた結婚式の会場が空爆に遭い、犠牲者が何人も出たことを知らされた。ロビーには数人の老人が集まっていた。皆が無言だった。なぜ、僕をこの場に呼んだのかわからなかった。僕は身分を明かしてはいなかったし、本を書く目的でアフガニスタンを訪ねていることも伝えてはいなかった。しかしあの時期、一般の観光客がアフガニスタンを訪ねるわけがなかった。アフガニスタン政府は、安全であることを宣言し、観光ビザも発給していたのだが、そんなことは誰も信じてはいなかった。

「なぜ、私たちはこれほど攻撃されなければならないのか」

老人たちは無言で僕に語りかけていた。彼らが味わっている悔しさは、深く、暗かった。やがてそれは憎しみへと変質していってしまったのかもしれない。新生アフガニスタン政府が成立した後も、多国籍軍はアフガニスタンに駐留している。その部隊にむかって、タリバンの残党たちがゲリラ戦を仕かけていた。そんな事件の多くは、カンダハルの近くで起きていた。

そのカンダハルへの入口がこのクエッタだったのである。この街でいちばん高級なホテルに泊まることにした。僕がいつも泊まるような宿を選んだところで、なんの問題もなかった気もする。しかしあのとき、僕は自信がなかった。不穏な空気を感じとってしまっていた。

安全は金で買える——。僕はそう思ってはいない。そう信じていたら、僕流の旅などできなかった。アフガニスタンに行ったときもそうだった。僕らが行く少し前、外国人記者が乗った車が襲撃されたことがあった。それを防ぐためというわけではなかったが、僕と阿部氏は、いつもターミナルに行き、できるだけアフガニスタン人が乗る乗り合いタクシーに同乗するようにしていた。タクシー代をシェアするわけだから、そのほうがはるかに安かった。後になってそのほうが安全だといわれた。外国人は身元のしっかりした運転手を選び、前日にチャーターの予約を入れる。だがその情報はどうしても漏れてしまう。襲おうと思えば、そんな車を狙うのだという。金で買った安全は、ときに危険なのだ。

しかしクエッタでは安全を金で買った。それしか方法がないように思えたのだ。力車に乗って訪ね、チェックインしたセレナホテルは死ぬほど高かった。通常のツインルームにエキストラベッドを入れてもらい、一泊一万二千七百七十ルピーもした。日本円に換算すると、二万六千七百円である。おそらく僕がこれまで海外で泊まったホテルのなかでいちばん高い金額だった。

パキスタンではアルコールは禁止されているが、高級ホテルに泊まる非イスラム教徒に限って許されていた。セレナホテルでは、ルームサービスでビールを頼むと、部屋のなかだけで飲むことができた。こういうホテルだから、ルームサービスのメニューには中華もある。これなら橋野君も問題はない。これだけ高いホテルに泊まるのだから、とにかく休むことだった。街の治安が悪そうなことをいいことに、僕らは一歩も外に出ない一泊と決めた。まあこれもセコさといってしまえばそれまでなのだが。

イランとの国境行きのバスは、翌日の夕方六時の出発だった。僕はこのルートに一抹の不安を抱えていた。一九八九年のことだから、もう十八年も前の話なのだが、一度この道をバスで走ったことがある。中国の西域からクンジュラブ峠を越えてパキスタンに入り、ラワルピンディから列車でクエッタに入った。ここからイランに抜けたのである。それは『12万円で世界を歩く』という週刊誌の企画で、やがて一冊の本にまとまった。そのなかで僕は、こう記している。

——車体は猛烈に震え始め、乗客は悲鳴をあげて耳を押さえた。僕らは砂漠の食料にとリンゴを買っておいたのだが、手に持つリンゴが口に届かない。タバコに火をつけることもできなかった。終点まで四時間。それはまさに、「地獄の振動」だった。

後になって、このルートが、世界三大地獄交通機関に数えられていることを知った。あのとき、バスはいったいどんなところを走っていたのか、いまでも謎ですらある。未舗装の道であることはたしかなのだが、どんな場所を走れば、あれだけの振動が伝わってくるのだろうか。僕らはまさに、その道を進まなければならなかった。いくらなんでも、あの道は姿を消し、舗装道路に変わっているだろうとは思っていた。曲がりなりにもアジアハイウェイなのである。いや、ここはパキスタンである。それもイラン国境に向かう辺境地帯を通るのだ。十八年の間、道がそのままになっている可能性もないわけではなかった。

バスは急峻《きゅうしゅん》な岩山の間につくられた道を走りながら、確実に距離を稼いでいた。車窓から見あげる砂漠の空は晴れあがり、星が怖いぐらいにくっきりと見える。こんなにはっきりとオリオン座を眺めたのは久しぶりだった。しかしチェックは厳しかった。バスに乗り込むときは入念なボディチェックがあり、屋根に積む荷物は、それぞれにマジックで座席番号が書き込まれる。チェックポイントも多かった。外国人への監視も厳しく、何回となく起こされ、パスポートを提示し、台帳に名前が書き込まれていく。今日、このルートを通過した外国人は、僕らを除いてひとりだけだった。

車内では常にコーランが流れていた。夕暮れどき、バスが停車し、モスクでの祈りはのようだった。どうも団体客がいるようで、訊《き》くとイランへの巡礼の旅だった。荷物に鍋や水入れが目立つのはそのためのようだった。

僕はバスに揺られ完全に寝入ってしまった。バスが停車し、あたりを見まわすと暗闇のなかに町があった。ここが終点のタフタンのようで、皆、荷物を手に降りていく。心配していた地獄の振動はやはりなかった。僕が恐怖のバイブレーションを体験してから、もう十八年である。さすがに道も舗装されていた。そういえば前に乗ったときは、昼頃にクエッタを出発した記憶がある。太陽が昇る前という、国境到着時刻はあまり変わらないから、バスの速度も確実にあがっていた。やはり道がよくなっていたのだ。

そこからピックアップトラックの荷台に五分ほど揺られた。そこがパキスタンとイランの国境だった。目の前には高さが十メートルはありそうな壁がそそり立っていた。その向こうがイランのようだった。

国境が開くのは午前八時と知らされていた。しかしここに来てわかったことは、それはイラン時間の八時ということだった。ということはパキスタン時間の午前九時ということになる。時間はたっぷりあった。それまでにすませなければいけないことがふたつあった。ひとつは闇両替。もうひとつは、僕らの荷物を詰め替えることだった。

十八年前、このタフタンの町での闇両替レートは涙が出るほどよかった。すでにあやふやになっている記憶を呼び起こすと、当時、国境の手前での両替レートはイラン国内の数十倍に達していたように思う。日本のバックパッカーたちが、陸路でヨーロッパをめざした場合、この国境を通過することが多く、両替率のよさはまさにユーラシア大陸を旅するバックパッカーの伝説のように語り継がれていた。ここで両替すると、イランの首都であるテヘランの一泊百ドルにもなるインターコンチネンタルが十ドルほどで泊まることができることは、バックパッカーの間ではよく知られていた。インターコンチネンタルのスタッフは、

「どうして薄ら汚い旅行者がよくやってくるのだろう」

と不審を抱き、調べてみると、全員がパキスタンからの陸路入国者だったというのは有名な話だった。ホテルのほうも、これはまずい、と思ったのか、それ以降、パキスタンから陸路伝いにやってきた客には、満室だと断るようになったという。以前イランを訪れたときには、僕はその恩恵を受けることができなかった。というのも、ちょうどそのとき、テヘランでは全国から役人が集まる会議が開かれていて、インターコンチネンタルはもちろん、レベルをさげた安宿まですべて満室だったのである。泊まる宿がなく、僕はバスターミナルで野宿せざるをえなかった。

その意趣返しというわけではなかったが、とにかくここで両替をすませようと思った。太陽が昇り、明るくなってくると、両替商が集まってきた。彼らはまず、一ドルは七千

リアルだといった。それがいいレートなのかが僕にはわからない。この国境で、違うバスに乗ってきたドイツ人バックパッカーと出会った。彼の情報によると、イラン国内での両替率は、一ドル九千リアルほどのようだった。闇両替のうま味はすっかり消えてしまっていたのだ。それは裏を返せばイラン経済が健全さをとり戻した証拠でもあった。

時間はたっぷりあったが、闇両替商のレートはなかなかあがらなかった。粘り強く交渉するしかない。なんとか一ドル八千リアルにはなったが、彼らはこれが限界だと口をそろえた。

「去年あたりから、イランとアメリカの仲が急に悪くなったんだ。例の核査察の問題でね。だからいま、イラン国内の両替レートはかなり悪い。一ドル六千リアルさ。八千リアルは破格なんだよ」

眉《まゆ》に唾《つば》をつけなくてもいいものかどうか……。イランが西側諸国の核査察を拒んでいることは日本でも連日のように報道されていた。いま、起きているイラクでの紛争の発端はやはり核査察をめぐる攻防だっただけに、報道は緊迫していた。しかしだからといって、ドルとの両替レートが悪くなるという理由にはならなかった。結局、僕らは一ドル八千五百まであがったところで手を打った。

荷物の詰め替えは、カメラを隠すことが目的だった。以前、この国境を越えたとき、イラン側のイミグレーションで、同行したカメラマンがもっていたカメラが封印されてしまったのだ。

「この国では写真を撮ってはいけない」

係官はそういい放ったのである。係官はカメラマンのカメラをひとつの鞄《かばん》に集めさせ、その口をぎりぎりと針金で巻いてしまったのである。偶像崇拝を禁止するイスラムの教えと拡大解釈することもできないことはなかったが、これには少し焦《あせ》った。もっともイランの旅の途中で、その針金がすっぽりと抜けてしまうという間抜けな結末を迎え、カメラマンは問題なく写真が撮れたのだが、今回はどんな対応に出るのかもわからなかった。

僕と橋野君がもつデジカメはたぶん問題がなかった。引っかかるとすれば、阿部氏が持参するプロ用のカメラ数台とレンズだった。僕らは阿部氏のカメラをそれぞれが分担してもつことにした。ひとりが注意を受けても、ほかの誰かがすり抜ければ問題はないという作戦に出たのだった。

これで用意は万全のはずだった。

パキスタン時刻で午前九時。壁の一画にある鉄製のドアが開いた。その向こうがイランである。僕らはそのドアに向けて、未舗装の道を歩いていった。

コラム　大きく変わったバス事情

二〇一八年、久しぶりにパキスタンを訪ねた。ペシャワールからラホールに出てインドへ。そしてインドから再びパキスタンに戻り、イスラマバードからギルギット、そこからクンジュラブ峠を越えて中国へ抜けた。

そのほとんどがバスの旅だった。鉄道があまり頼りにならないから、どうしてもバス旅に傾いていってしまう。

本書でバスに揺られた時代との大きな違いは、現地の人が「ダイウ・エクスプレス」というバスの運行が定着し、そのバスターミナルまでできていることだった。街では皆、ダイウ・バスターミナルという。

ダイウは漢字で書くと「大宇」である。そう、韓国の旧財閥。このバスのスタートは、その現地法人がバス事業に進出したことだった。

ダイウ・エクスプレスは人気のバスだった。運賃はやや高いが、時間が正確で、サービスもよかった。空調の効いた車内。女性の車掌が飲み物やサンドイッチなどの軽食を配ってくれる。

それまでのパキスタンのバスとは違う垢ぬけた空気が車内を包んでいた。

本書ではラホールからクエッタまで、別のバス会社を利用した。もしあの頃、ダイウ・エクスプレスが運行していたら迷わず選んだ気がする。

しかしバスターミナルは相変わらずだった。

イスラマバードのファイザバード・ターミナルからギルギットに向かうバスに乗った。この区間はダイウ・エクスプレスは運行していなかった。

ファイザバード・バスターミナルは広い敷地に、雑然とバスが停まっていた。そのなかにバス会社のオフィスもある。まずバス会社を探すのにひと苦労。そして乗り込むバスをみつけ出さなくてはならない。

バスの周りはゴミ捨て場のようになっていて、饐えた異臭が漂ってくる。

本書ではラホールのバスターミナルからバスに乗っているが、当時のバスターミナルを彷彿とさせる異臭と猥雑さだった。年月が経っても、バスターミナルは昔のままだった。これはまたすごいことではある。

イスラマバードからギルギットまでは大型バスだったが、そこから先はマイクロバスタイプの車が大活躍だった。クンジュラブ峠も、このマイクロバスタイプのバスですいすい越えてしまった。標高が五千メートル近い峠道。かつては大型バスがよろよろと、黒い煙を吐きながら越えた記憶があるが、いまは快適な峠越えである。道もずいぶんよくなった。

峠が国境で、そこに中国のイミグレーションがある。入国審査での理不尽な取り調べは、いかにも中国だった。

9章　イラン・トルコ

イランで僕らを待ち受けていたものは、写真撮影禁止の通達でも、闇両替をした者への冷遇でもなかった。イランのイミグレーションは、拍子抜けしてしまうほどフレンドリーだった。僕らのザックを開けることもなく、職員は、僕らのパスポートを手に、

「ジャパニーズ、ウェルカム」

とまでいった。ここまでいわれるとどこか薄気味悪ささえ募ってくる。以前、イランを訪ねたとき、市場で僕がメモをとっていると、秘密警察に通報され、スパイ容疑がけられてしまった。市場の脇にあったオフィスに連れ込まれ、解放されるまで二時間もかかった。その国が十八年でこんなに変わるものだろうか……。

　イミグレーション前の広場には、タクシーが待っていた。国境からテヘランまで向かうアジアハイウェイの最初の大きな街であるザヘダンまで九十キロほどあった。人々はタクシーに相乗りし、バス代わりに使っているようだった。パキスタン側で知り合った

ドイツ人バックパッカーも加わり、四人で一台の車に乗ることにした。

国境に沿って鉄条網がつづいていた。道はその脇を延びていた。一キロほど走っただろうか。道は二股になり、そこに最初のチェックポイントが設定されていた。僕らのパスポートと車のトランクのチェック……。一般的な検問だったが、それが終わっても運転手は車を出そうとしなかった。もっと本格的なチェックが待ち受けているのだろうか。僕は車から降り、パキスタン側にそびえる岩山を眺めていた。検問所の兵士の話では、最近、この付近で戦闘が起きたという。パキスタンから密輸団が越境を試みたのだろうか。

三十分ほど待たされた。運転手に促されて車に戻った。彼はほとんど英語が話せなかったが、ひとこと、

「エスコート」

といった。

「エスコート？」

顔を見合わせた。いったい誰が、誰をエスコートするというのだろうか。日本人の感覚でエスコートというと、男性が女性に付き添うようなニュアンスが強いが、国境に近いこの検問所にいるのは、髭面《ひげづら》のイラン人兵士だけなのである。……ということは僕らを？

イランの国境前で待つ。ホメイニの顔を見つめても、早く門が開くわけではないが

その通りだった。僕らの車の後を、銃を手にした兵士が乗るジープが追走したのである。これを喜んでいいのか僕にはわからなかった。治安が悪い一帯だから兵士が護衛してくれると考えたらいいのだろうか。しかしどうしてもその先になにかがあると勘繰ってしまうのである。

イランはわからない国だった。いまでは少なくなってきたが、日本にも不法滞在のイラン人がかなりいたことがあった。あの頃、僕はタイ人の不法就労者とのつきあいが多く、さまざまなところでイラン人の話を聞いた。不法滞在の場合、一番のトラブルは病気だった。なかには命を落とす人もいた。そんな人々に日本の法律はとことん冷たかった。遺体の引きとりや茶毘《だび》に付す費用などはすべてその国の大使館に丸投げだった。受け入れる大使館の対応はふたつに分かれた。多くの国が本国にいる遺族に連絡をとり、その費用を調達した。タイもそんな国のひとつだった。しかし遺留品に遺族の連絡先などがあればいいのだが、それもないと手つづきに手間どった。連絡のつかない人も多く、いまでも彼らの遺骨は無縁仏として日本の寺に保管されている。

しかしイランは違った。イスラムの国にしたら、異教徒の手で処理されることを極端に嫌ったのかもしれない。イスラム世界では復活の日に備えて土葬以外が許されず、荼毘に付されることにも抵抗感があったのだろう。イラン人死亡の報が大使館に届くと、あっという間に職員がやってきて、それを本国に運んでしまうという話だった。その費用は大使館、つまり国の費用だった。日本にもイスラム社会からやってきた多くの人がいるが、そういう迅速な措置をするのはイランだけだった。世界の常識が通用しない国に映ったものだった。

治安が悪いからといって、一介の旅行者を兵士がエスコートするというのもはじめての体験だった。イランという国からそんなことをしてもらう義理はなにもなかった。

車は順調に進んでいた。十キロおきといった割合で検問所があり、兵士はなにやら書類を渡すと、そこにいた別の兵士が僕らのエスコート役になった。車がない検問所ではふたりの兵士がバイクに乗り追走した。この一帯はハエが多かった。窓を開けると、何匹ものハエが入ってきてうるさかった。しかし車の後ろからバイクでついてくる兵士もなんだかハエのように煩《わずら》わしかった。

エスコートはザヘダン市内に入ってもつづいた。バイクは白バイになった。乗っているのは兵士である。イランでは警察と軍は一体なのかもしれなかった。

「いったい奴らはどこまでついてくるんだろうか」

そんなことを思っていた矢先、バイクに乗ったふたりの兵士から、道の脇に停車しろという指示が出た。ちょうど道がロータリーになったところだった。兵士が白バイから降り、近づいてきた。若い兵士だった。運転手となにやら話し、僕らに向かって話しかけてきた。イランの公用語であるペルシャ語だからなにもわからない。すると拙《つたな》い英語が彼の口から発せられた。

「テンダラー」

そういうことだったか——。この金をせしめるために、総勢二十人を超える兵士がエスコートに駆り出されたのだろうか。僕は拍子抜けしたが、なんだか腹立たしさもこみあげてきた。当然、拒否した。エスコートと称して勝手についてきて、金の要求はないのだ。同乗していたドイツ人も、

「これはお前たちの仕事だろ」

と何回も繰り返していた。いい値は五ドルにさがったが、僕は首を縦に振りたくはな

かった。

若い兵士はトランシーバーでどこかに連絡をとった。ことが大きくなるのだろうか。しばらくしてパトカーに乗ってやってきたのは彼らの上司らしい中年の男だった。私服だった。僕らはその上司に引き渡されたようだった。パトカーの先導で車は動きはじめた。着いた先はバスターミナルだった。

本当にイランの兵士や警察は、僕らをエスコートしてくれたのかもしれないと思った。ひとりの跳ねあがり兵士が金を要求したのは、ちょっとしたでき心だったのかもしれなかった。そんなことを考えながら車を降りると、そこに若いふたりの兵士が立っていた。

僕らはそのふたりを無視するように歩き出したが、彼らはまるで〝ダルマさんが転んだ〟のゲームをやっているかのようについてくるのだ。僕らが足を止めると、彼らも止まる。ふたりの兵士を引き連れてターミナルのなかに入った。

テヘランまでのバス切符は簡単に買えてしまった。距離は千キロを軽く超えるが、運賃は十万リアル、千四百円ほどである。出発まで二時間ほどの時間があった。僕らはターミナル内の食堂で昼食でもとろうと階段をあがると、ふたりの兵士も後からついてくる。食券を買い、テーブルに着き、鶏肉のスープをスプーンですくいながら周囲を眺めると、食堂の隅にふたりの兵士が立っていた。ザヘダンからの道で僕が抱いた薄気味悪さは現実のものになってしまった。

監視だった。

エスコートなどではなかったのだ。

もし治安を理由にエスコートするというなら、バスターミナルで僕らは解放されたはずである。ここまで兵士がついてくるということは、それ以上の目的しか考えられなかった。しかしいったい彼らは、どんな目的のために監視をつづけるのか……考え込んでしまう。アメリカが強く主張し、国連が要求する核査察は、イランにとって入国する外国人すべてを監視しなければならないほどのことなのだろうか。いや、いまも内戦状態にある隣国イラクとの関係だろうか。僕らなどとるに足らない旅行者なのだが、彼らは必要以上に勘繰って神経質になっているのかもしれなかった。そしてそれを指示してしまうイランの政府は、どこか不可思議にも映るのである。

兵士の監視はつづいていた。阿部氏がトイレから戻ってきた。

「彼ら執拗ですよ。ふたりのうち、ひとりがついてきたんですけど、トイレの入口で待っているのかと思っていたら、なかまで入ってくるんです」

「なかってドアの……」

「いや、さすがにそれは。おしっこをするところの後ろで待ってるんです」

僕らが監視されているのは事実だった。しかしレストランの隅で、銃を肩にかけながら立っているふたりの兵士は、どこか間抜けそうで、怖さというものがまったくなかった。彼らは上官にいわれるまま、見張っているだけのようだった。

一緒に食事をしたドイツ人のバスの出発時刻が近づいていた。彼は出発前に水を買っておきたいといった。僕ら四人はふたりの兵士を引き連れて、ターミナルのなかの売店で水を探した。しかしどの店にもミネラルウォーターがない。困った僕らは後ろにいる兵士に訊《き》いてみた。幸い、ウォーターという英語が通じた。すると兵士は、俺たちについてこいといったポーズを見せた。今度は兵士の後を僕らが追う形になった。ふたりの兵士はターミナルの建物を出、車が走る外の道路に向かって歩いていった。

「外に出れば水を売る店があるんだろうか」

不安になった僕らは兵士に声をかけた。彼らが口にしたペルシャ語はまったくわからなかったが、スーパーマーケット、という単語だけが耳に残った。僕は大声で笑いたいような気分だった。バスターミナルに面した道にはパトカーが停まっていたからだった。

おそらく僕らは、あのパトカーに乗せられてスーパーマーケットに行くことになるのだろう。僕らはそれほどの要注意人物なのだろうか。日本からやってきた三人は、インドとパキスタンのバスによれよれになっている旅行者だった。バンコクから空路でパキスタンに入り、陸路でイランまでやってきたドイツ人青年は、どう見たって何日も下着を着替えていないようなバックパッカーなのである。

「さすがにパトカーに乗せられたら、ただってわけにはいかないだろうな」

「俺もそう思う」

金のなさそうなドイツ人青年がつづけた。

結局、水を諦《あきら》め、バス乗り場に向かった。ドイツ人が乗るイスファハン行きのバスは、僕らが乗るバスより三十分ほど早い出発だった。僕ら三人とふたりの兵士に見送られて、彼は旅立っていった。

しばらくすると、市内のロータリーから先導してくれた私服の上司が現れた。そして僕らはその上司と兵士ふたりに見送られてバスに乗り込んだのである。僕らがバスに乗車したことを確認すると、彼らは踵《きびす》を返してしまった。役割が終わったということなのだろう。いったい彼らはなんだったのだろうか。やはりイランは不思議な国だった。

バスがテヘランに向けて北上をはじめると、まるで催眠術にかかってしまったかのようにスーッと寝入ってしまった。阿部氏と橋野君もすっかり眠ってしまったらしい。起こされたのは、ザヘダンを出発して二時間ほどが経った検問所だった。全員が降ろされ、預けた荷物はバスごと別の倉庫のような建物でチェックを受けていた。道端にしゃがみ込み、ふたりに話しかけてみた。

「なにかこう、イランのバスってすごくよく眠れるんだよね」

橋野君が頷《うなず》いた。

「僕もそう思ってたんですよ。道がぜんぜん違いますよ、インドやパキスタンとは。とにかくまっ平ら。運転も丁寧だしね」

「たぶんバスのサスペンションも違うんだと思いますよ。とにかく揺れませんから」

阿部氏も口を開いた。

すべてが違っていた。片側二車線の高速道路はみごとに整備されている。窪《くぼ》みというものがないような気になってくる。道に沿って、スピード制限やシートベルト着用、緊急の電話番号の表示がときどき現れる。スピードカメラも設置されていて、その横には警察官の人形が立てられている。そこから嗅《か》ぎとる先進国の高速道路の匂《にお》いにやはり安《あん》堵《ど》してしまう。砂漠のなかに延びる道は、どこかアメリカのフリーウェイにも似ていた。イランとはすでにそんな進んだ国だったのだ。

バスはボルボ社製で清潔感が漂っている。ビデオやトイレもついていた。発車して間もなく、交代要員の運転手のおじさんがクッキーとプラスチックのコップを配ってくれた。いつでも水が飲める装置もついていた。

「やっぱりこれだよな」

内心呟《つぶや》いてしまった。もう天国のバスなのである。そんなことを考えているうちに寝入ってしまったようだった。

テヘランまでは二十四時間と聞いていた。しかしこのバスなら、何日でも乗りつづけられるような気になってくる。体はすっかりバス体質になっていた。そう思うとなんだか切なかった。僕らはイランのバスの快適さに浮かれていたが、考えてみればバスに乗っているだけなのである。ドイツ人のバックパッカーのようにイスファハンを訪ねて、イマーム広場の宮殿やモスクに目を輝かせることが旅ではないか。バスのなかで快適に眠れるといって小躍りしていていいのだろうか。そんなことも考えてはみるのだが、気がつくと寝入ってしまうのだった。

バスのなかの一夜が明けても僕は快調だった。やはり眠りの深さが違うのだ。

イランは巡礼の季節を迎えていた。そうとわかったのは、朝の五時半、ひとつの大きなモスクの前にバスが停まったときだった。モスク前の広場は、色とりどりのテントで埋まっていたのだ。

イラン国内を走るアジアハイウェイを進みながら、乗用車の屋根にテントやキャンピングセットが載せられているのをよく見た。高速道路の降り口には、売り物のテントがずらーっと並んでいることも多かった。はじめのうち、僕はイランはいま、アウトドアブームかと思っていたが、実は巡礼用だったのである。

かつて巡礼といえば、モスクのそばに建てられた巡礼宿に泊まったものだったらしい。そんな建物をこれまでも何回か見てきた。いまでも利用されているところも多い。交通機関が発達していなかった昔は、この宿にしばらく滞在したのだろう。しかし部屋の構造は大部屋が普通で、夫婦に子供数人というような家族単位で宿泊するには不都合なつくりになっていた。

イスラム圏には大家族制が残っている国が多い。子どもはすべて神の子だからだ。それは、少子化に悩む先進国に比べると、出生率が高く人口増加が維持できることを意味していた。いまの世界を、イスラム教対キリスト教といった対抗軸で語る人が多いが、その一方で、その勝敗はすでに決しているという見方もある。出生率を眺めると、キリスト教のなかでもプロテスタント圏、そして仏教圏が軒並み低下しているというのだ。百年といった単位で計れば、地球上でイスラム教徒の割合が増えていくのは必至で、最終的にはイスラム社会が他の宗教社会を凌駕《りょうが》していくという論理である。

しかしそんなイスラム圏のなかで、イランは出生率の低下に悩む数少ない国のひとつだった。おそらく核家族化が進み、プライバシーを守る文化が育ってきているのだろう。そんな人たちに人気の巡礼スタイルが、まるでアウトドアライフのようなテント泊なのかもしれなかった。

モスクの前では炊き出しがはじまっていた。食事はモスクが提供してくれるのだろうか。大きな釜でひよこ豆を煮ていた。運転手が器を手にその列に並び、僕らにも分けてくれた。僕は異教徒だが、こういう食事には目がない人間だった。

イランの巡礼者はこんなテントに泊まる人が増えている。時代を感じてしまう

モスクの炊き出し。ひよこ豆。ただ飯はたとえイランでもうまいものだ

テヘランは冷たい雨が降っていた。タクシーでアザディーバスターミナルに向かっていた。それほど大降りではないが、しっかりと地面を濡《ぬ》らす雨に、砂漠を抜けたことを教えられた。

バスが到着したのは南バスターミナルだった。トルコ国境に向けてのバスチケットを確保しておきたかった。次の目的地であるタブリーズ行きのバスは、アザディーバスターミナルという別のターミナルから出発すると教えられた。パキスタンのクエッタを出発して以来、一回もホテルに泊まっていなかった。車中泊は二日つづいている。しかしなぜか三人とも余力が残っている気配がした。インドのバスターミナルに着いたときのような憔悴《しょうすい》した面もちではない。やはりイランの道とバスのおかげなのだ。

タブリーズ行きは夜の九時発だった。行くことにした。そこまで着けばトルコ国境は遠くない。そこで一泊と心に決めた。

心配なのは阿部氏のカメラのバッテリーだった。これまでホテルに泊まったのは、寝不足に耐えきれないときが多かったが、バッテリーを充電するという目的もあった。普通の取材旅行なら、ホテルで寝ている間に充電やバックアップもできたのだが、この旅は夜といえばバスのなかだった。さすがにバス車内で充電というわけにはいかなかった。カメラのバッテリーは、ともすれば先へ、先へと進んでしまうバスの旅に歯止めをかけてくれていた。

テヘランのバスターミナルはモスクのような構造。これが彼らの美意識らしい

　すでにバス泊が二日つづき、バッテリーの残量が気になっていた。ここは泊まるべきなのかもしれなかったが、幸か不幸かテヘランのバスターミナルの男たちは優しかった。彼らはなんの抵抗もなくオフィスのコンセントを貸してくれた。またバスのなかで眠れと天は語りかけている気にさえなった。

　タブリーズまでのチケットがすんなり買えたわけではなかった。アザディーバスターミナルに足を踏み入れ、行き先表示の看板を見たときは目眩《めまい》を起こしそうになった。とんでもない数の表示が、各オフィスに掲げられていたのだ。一軒のカウンターの前に立ち、次の一軒に訊き……とターミナル内を右往左往しているうちに様子がつかめてきた。カウンターは各バス会社によって分かれていて、その行き先をすべて掲示しているため、かなりの重複があったのである。しかしそれを差し引いてもかなりの路線数である。イランは列車よりもバスという国らしい。なんとかタブリーズ行きのチケットは買えたが、それを探しているうちに、いくつかの国際バスが目に留まってしまった。その行き先には思わず息を吞んだ。

イスタンブール、アンカラをみつけたときは一瞬迷った。僕らはトルコのイスタンブールに向かうつもりだったからだ。ここでバスに乗れば、一気に辿り着いてしまう。しかし即座に否定した。そのバスに今晩乗ったら、いったい僕らは何日バス泊がつづくのだろうか。すでに車中二泊状態なのだ。

バクー、アルメニア、ロシアという行き先もあった。訊くとロシアとはモスクワのことだという。いったいその途中、どれだけの国を通過するのだろうか。ビザのことを考えると頭が痛くなってしまうのは、僕らが日本人だからだろうか。その先を追っていくとパキスタンが出てきた。クエッタ行きだという。そしてその先にはアフガニスタンのカブール、マジャリシャリフ、ヘラート行きを掲げるオフィスがあった。訊くと毎日運行されているのだという。

断っておくが、僕はそのバスに乗ってみようなどと興味を抱いたわけではない。東京からこれだけバスに揺られてテヘランまで辿り着いた身にしたら、どこかバスというも

のが走っていない国に行き、

「ああいう乗り物に二十時間も乗るなんていうのは、人の道をはずしてるね」

などといい放ちたい心境なのだ。戸惑っていたのは、テヘランのバスターミナルに平気で入り込んでいるバスの国際感覚だった。西アジアから中東、そしてロシア、ヨーロッパは確実にバスでリンクされていたのだ。テヘランでこんなぐあいなのだから、この先のアンカラやイスタンブールに行ったら、バスの行き先はもっと増えてくるのだろう。僕らは東アジアや東南アジアがハイウェイを走るバスでつながってきたことに将来を感じとってもいたが、アジアの西側からヨーロッパにかけては、すでにごく普通の交通手段として国際バスが定着していたのである。


翌日の昼、僕らは雪を被《かぶ》ったアララト山を眺めながらビールを飲んでいた。この一瞬のために、東京から一万五千キロを超える道のりをバスに揺られてきた……。そう思おうと心に決めていた。旅に出る前、阿部氏や橋野君にこういっていたのだった。

「いや、長い道のりの果てにですね、長い坂道があるわけです。それを登ったところがイランとトルコの国境。イミグレーションを出ると、どーんと目の前にアララト山です。あのノアの箱船が着いたという伝説のアララト山です。そりゃたまりません。マラソンを完走した後というか、トライアスロンを走破した後の水というか……。水といえば、そこにはビールがあるわけです。パキスタン、イランというドライカントリーを走り抜けて、ビールです。これはたまりません。いままで飲んだビールのなかでいちばんうまかったビールじゃないかと思うんですよ」

ふたりがどんな思いで僕の言葉を聞いていたのかはわからなかった。旅行作家などというものはときに大嘘をつくものだと冷やかに聞いていたのかもしれないが、ひょっとしたら、この峠を夢見てきついバスに耐えてくれたのかもしれなかった。

実際、アララト山をめざすルートはそんな期待を抱きたくなるような道だった。夜の九時にテヘランを発ったバスは、翌朝の六時にタブリーズに着いてしまった。国境の手前にあるマークーの町へ行くバスは八時発だった。僕はターミナルを出て、近くの丘にあがってみた。かつてシルクロードが通っていたタブリーズは、山に囲まれた盆地のなかに広がっていた。いまは工業都市に変貌を遂げつつあるのか、郊外のバスターミナルの周りにはいくつかの工場が広がっていた。

朝の散歩に来ていた老人が声をかけてきた。彼はこちらから訊きもしないのに、周囲の山々の説明をはじめた。年をとると、イスラム教徒もお節介になるものらしい。

「あれがオンタブロール山、その向こうに白く雪を被っているのがルバル山……」

「アララト山は?」

「ここからは見えんよ。あと一時間ぐらい坂道を登っていくと、前方に見えてくる。いまは雪を被ってきれいだよ」

そういわれると気が急《せ》くのだ。八時のバスは満席で乗ることができなかった僕らは、相乗りタクシーでマークーをめざした。高度がどんどんあがり、最後の坂道の手前にあるマークーの町は、どこか高原リゾートのような趣だった。一九八九年、僕はこのルートを通過していた。そのときは、マークーの町から先の交通機関がみつからず、山頂にあるイミグレーションまで坂道を歩いて登ったものだった。しかし十八年の間に、人の往来も盛んになったのだろう。マークーと山頂のイミグレーションの間をピストン輸送する小型トラックがすぐにやってきた。

こうして僕らはトルコに入国したのだった。

アララト山は美しかった。均整のとれたコニーデ型の山は雪に覆《おお》われ、青空のなかに屹立《きつりつ》していた。こういう山を見ると人はどうしても崇《あが》めたくなってしまうのだろう。

トルコに入ると急にイスラムの戒律が緩められる。ビールも自由に飲めるようになる。バングラデシュ以西ではじめてビザなしで日本人が入国できる国でもあった。アジアハイウェイの道のりもそう残っていなかった。ここからイスタンブールに向かい、ブルガリアとの国境が、このハイウェイの終点なのである。

本来なら僕はもっと喜んでもいいはずだった。つらいバスに乗ってついにここまで辿り着いたのだ……と。

だが気になることがあった。僕らがアララト山を前に乾杯したビールだった。イミグレーション脇の建物のなかにある免税店でこのビールを買ったのだが、ひと缶が二・五リラもしたのである。日本円にすると二百三十円にもなる。これは日本の物価と同じではないか。いや、これは免税ビールなのだから、日本より高いことになる。この建物のなかにはレストランもあった。その値段をみると、十リラ以上のものが多い。十リラというのは九百二十円ほどである。とんでもなく高いのだ。トルコの物価はもっと安いはずではなかったのか。これはなにかの間違いではないだろうか。この旅の会計係でもある僕のなかでは嫌な予感が広がってしまった。旅というものは、ひとつの難問を乗り越えると、また次の難題が迫ってくる。

猛烈なインフレ状態だったトルコは、二年ほど前、百万リラを一リラにするという発表をした。それまではやたら桁数が多くて苦労した。単位が小さくなって旅行者には助かるのだが、それにしても、この物価高はなんだろうか。国境だけのことなのだろうか。

乗り合いタクシーでドウバヤジットに出た。ここからトルコ国内の長距離バスが出るはずだった。僕らはそろそろ休みたかった。バス泊三晩がすぎ、四日目に突入していた。バスの切符売り場で、スケジュールを見せてもらった。イスタンブール行きはもちろんあるが、それに乗ると、四晩目の夜行バスの旅になってしまう。途中の街で休みたかった。アンカラあたりに夜に着いてホテルで一泊したかったのだが、そういう都合のいい

アララト山をバックにビール。だが新たな気がかりが……

バスがない。いちばん早いバスに乗っても、アンカラ着が午前四時。それからホテルを探して……。そのほうが疲れそうだった。あれこれとルートを考えた。アジアハイウェイ一号線をできたら走りたいという制約もある。結局、落ち着いたのは、イスタンブール行きの直通バスだった。距離にして千七百キロほど。到着は二十六時間後の、翌日の午後四時である。なかなか思うようにスケジュールが組めないのだ。これでパキスタンのクエッタから、ホテルに一泊もせず、車内四泊でイスタンブールまで走破してしまうことになる。イランなどは一泊もしなかった。これを自慢するほどの年ではないが、どこかで無理やりでも休むべきだったかとは思う。

運賃はひとり六十リラだった。日本円で五千五百円ほどだ。やはりトルコの物価は急激に上昇していた。

気持ちのいい高原道路が延々とつづいていた。周囲は雪原が広がっているが、アジアハイウェイの路上だけはきれいに除雪されている。斜面にはスキー場も点在している。バスはイラン以上に快適だった。クッキーのほかに紅茶やコーヒーまで男の車掌がサービスしてくれる。ドライブインに停まり、発車すると決まって車掌は香水を手に車内を歩く。僕らが手を出すと、そこにばしゃばしゃとそれを振りかけてくれる。背もたれも深く倒れ、なんの文句もない。きついのは検問だけだった。トルコ東部はクルド人が多

トルコのバスのサービスはなかなかのもの。紅茶やコーヒー、そして香水も振りかけてくれる。ただし男なんだな

く、なにかと物騒な事件も起きていた。兵士が僕らの荷物をチェックする目つきは真剣だった。

四日目のバスの夜がすぎると、車窓にトルコの春が広がっていた。ハイウェイに沿って黄色の花が咲き、牧草地は緑に染まりはじめ、牛が暖かい陽射しのなかで横になっている。レンガ色の屋根の家々。尖塔《ミナレット》を中心にしたモスク……。その風景はアジアというよりヨーロッパである。

アンカラから四百キロ。バスは気持ちのいいテラス席のあるドライブインに停まった。僕らはそこでいちばん安いハンバーガーを昼食にしたが、それでもひとつ二百五十円もする。公衆トイレの使用料は五十円ちかいトルコリラをとられる。

いったいいつから、こんなに金がかかる国になったんだろうか。

午後三時、バスは柔らかい陽射しに包まれたボスポラス海峡を越えた。アジアハイウエイの終点はもう少し先だが、地理的にはここでアジアが終わった。イスタンブールの巨大なバスターミナルに着いたのは午後四時だった。

物価高が応《こた》えた。イスタンブールのブルーモスクに近い、安めの宿に入った。ベッドが三つある部屋だったが、奥のベッドに行くには、入口に近いベッドの上を通らないと行けないほど狭い部屋だった。それでも三人で百二十リラ、一万千円もした。『バーガーキング』のセットメニューが十三リラ、千二百円にはたじろいでしまった。四日ぶりにバスの姿が見えない食堂で夕食をとったが、三人で七千五百円もした。

イスタンブールの街を歩きながら、この物価高の理由が少しずつわかってきた。街のそこかしこにある看板の料金表示がユーロになっていたのだ。もちろんトルコはまだEUへの加盟が許されているわけではなかった。しかしEU加盟を渇望するトルコ政府は、既成事実をなんとかつくりあげようとしているのか、ユーロ表示を勧めているようだった。

「困ったもんだよ。政府はEUに入ろうと、リラのレートを無理やりあげてるって話さ。西欧の国と同じようなレベルの国にしたいんだよ。でも、そりゃ無理さ。トルコはそんな国じゃない。為替レートが急激にあがって、観光客は激減ですよ。うちだってほら、このありさま」

夕食に入ったレストランのオーナーは、空席の目立つ店内に視線を投げかけたのだった。そういうことだったのか。トルコ人にしたら、それほど物価はあがっていないのだが、為替レートがあがっているため、外国人には西欧並みの物価になってしまうのである。こんな話も聞いた。

「西欧ではかなりの数のトルコ人が働いているでしょ。トルコのなかには、彼らからの仕送りで支えられている家が多いんだ。しかし失業率をさげたい西欧の国にしたら、安い給料で働いてしまうトルコ人は困った存在なんだな。だからEUに加盟する条件として、西欧で働くトルコ人を減らすことを突きつけてきたわけさ。そのためには為替レートの引きあげがいちばん有効だろ。いくら仕送りしたって、為替レートが引きあげられちゃったら、その価値はどんどん目減りしちゃうんだから。政府は国民を貧しくさせる政策ばかりとる。西欧にしたって、トルコ人が減ったら、また他の国の労働者が入ってくるだけ。そんなにEUは魅力があるかね。昔のままでいいんじゃないの」

イスタンブールのブルーモスク周辺は観光客で成り立っている街だから、ことのほか風あたりが強かった。

翌朝、僕らはバスでエディルネに向かった。いよいよ最後の道のりである。距離にして二百五十キロ。バスは快適である。前の晩、久しぶりにベッドで寝たから体も軽い。ひとつのバスに十時間、二十時間と揺られてきた僕らにしたら、エディルネまでの二時間半など市内バスで駅に出るような感覚である。エディルネから先はバスがなかった。おそらく先まで行くのは、イスタンブールからブルガリアのソフィアに向かう国際バスだけだろう。僕らはタクシーに乗り、カピクレにある国境までの十キロほどの道を走った。

午後二時半、タクシーは国境のゲートの前に到着した。そこには高速道路の料金所のような立派なゲートがあった。ブルガリアに向かうトラックが、列をつくっていた。

アジアハイウェイはここで終わっている。

東京からバスに揺られた距離は一万七千二十キロに達していた。かかった日数は二十七日。バス代の総額は約五万四千円だった。

タクシーの運転手が、国境ゲートに向かって左手を流れている川の向こう側を指さしてこういった。

「ユナニスタン」

地図で調べるとギリシャだった。トルコではそう呼ぶのだろう。この地点は、トルコ、ブルガリア、ギリシャの国境が接する三角地帯でもあった。ギリシャ側のこんもりとした丘が、春の午後の弱い陽射しを受けていた。エーゲ海まではどれほどの距離なのだろうか……。

コラム

意外に平和なイランの旅

イランのバス旅。大きく変わったという話は聞かない。バス網はさらに増え、道もよくなり、問題なく運行されている。イランという国は、出入国時に不思議なことが起きる。はじめて訪ねたときのカメラのトラブル、本書で紹介している国境の警備兵たち……。

しかしいったん、イランに入国してしまえば、気が抜けるぐらい平和な日々が待っている。はじめて訪ねたときは、僕がメモをとったことが問題になったが、取り調べが厳しかったわけではない。本書で紹介しているイランの旅も、ほかの中東諸国より安定感があることがわかってもらえるのではないかと思う。治安もいい。

イランは核問題など、アメリカとの摩擦があるため、しばしば報道される。しかしこと旅にかかわる民度でいえば、中東のなかでは頭ひとつ抜け出ているように思う。騙して金を巻きあげるような人も少ないし、ぼられた経験もほとんどない。

ほかの中東諸国はかなり気を遣う。そういうトラブルが少ない国だ。

しかしビザは別の話。アメリカは入国前十四日以内にイランに滞在した人の入国を拒否している。しかし十四日以前にイランに入国したからといって大丈夫というわけではないはずだ。別室で質問攻めにあう可能性がある。

イランのビザは、通常のビザのほかに電子ビザもある。そしてどちらも、パスポートに入国記録が残らないようにすることも可能だ。しかしだからといって、パスポートの表面上はわからないだけで、問題なく入国できる保証はない。

イランに入国し、その後、アメリカに入国をするときは、アメリカのビザをとる必要もある。

トルコはそういった問題がまったくない。周辺国は戦乱や宗教上の衝突などで入国が難しいところもあるが、日本人はビザなしですっと入国できる。周辺国を歩いた経験からいえば、ホッとする入国審査だ。国内で気をつけたいのはクルド人問題にかかわることだけだろう。

トルコは鉄道路線は多くない。加えて列車代は安くない。国土は広いから、勢いLCCや長距離バスに頼ることになる。

トルコの長距離バス網は充実している。しかし路線が多く、運行する会社は数えきれないほどだ。イスタンブールのバスターミナルがとくに大きく、そのなかでバスを探そうとすると気が遠くなる。もう少し整理してほしいといつも思う。

長距離バス切符はネットで買うか、ネット情報である程度あたりをつけてバスターミナルに向かったほうがいい。

新潮文庫版あとがき

五十歳をすぎたというのに……という誹《そし》りを背中に受けながら、日本からトルコまでバスに揺られた。極東からヨーロッパまで陸路を伝う旅はこれで五回目になる。

今回に限らず、僕は長いバスの旅を何回か経験してしまっているが、その経験でいうと乗りはじめがきつい。体が狭いバスの座席にフィットするまでが大変なのだ。そんなときは決まって暗い車窓の向こうにバスの虫が見える。大阪から博多に向かうバスで僕はこの虫を見た。それからは惰性なのだが、今回はインドという難関が待っていた。体はすでにバス体質になっていたが、積もり積もった睡眠不足のなかで、「ちょっとやばい」と自問していた。窓の向こうにはやはりバスの虫が嗤《わら》っていた。

そこに山があるから……のたとえではないが、僕らは次のバス、次のバスと乗り継いでしまった。しかし切符を買う係である僕は、いつもバスターミナルで逡巡《しゅんじゅん》していた。

休むべきかもしれないという思いと、まだ先は遠いという焦《あせ》りのなかで迷っていた。しかし結局は、目の前にあるバスに乗ってしまった。昔のアジアはそれでよかったのだ。いくらバスターミナルで焦っても、次のバスはなかなかやってこなかった。ようやく乗ることができても、バスは頻繁に故障した。その間に休むことができたのだ。しかし最近のアジアのバスは実にスムーズに走りつづける。そのペースにはまっていくと、バス車内泊が三日つづくといった強行軍に陥ってしまう。阿部氏と橋野君には悪いことをしたと思う。

だがこれを世間では進化と呼ぶらしい。アジアハイウェイがさらに整備されていけば、バスでの往来はいま以上に快適になっていく。しかし極東の島国に暮らす旅行作家には過酷なスケジュールにも映ってしまうのである。日本からトルコまでバスに揺られるなどという酔狂な旅はアジア人には無縁である。

しかしバスのシートに二十七日間も身を沈めなければ見えないアジアもある。それもまた事実だった。

前半の日本からバンコクまでは共同通信社から配信された二〇〇六年の新年企画である。それを下敷きに大幅に加筆し、バンコク以西は書き下ろしというスタイルで発刊にこぎ着けた。出版にあたり新潮社の庄司一郎氏のお世話になった。

二〇〇七年四月

下川裕治

この作品の前半は二〇〇六年一月一日共同通信配信の記事『夢のアジアハイウエー紀行』に大幅加筆したもの。後半は書き下ろしである。

朝日文庫版あとがき

バスにはふたつの役割がある。ひとつは都市交通の手段である。大都市では地下鉄や都市型電車を補完するような役割もある。

そしてもうひとつは、飛行機には乗ることができない人々の長距離移動手段である。

このつらいバス旅をつづけていた頃、視線を空に向ければ、LCCがその空路を急速な勢いで広げていた。レガシーキャリアと呼ばれる既存の航空会社と、集客競争が起きていた。そのとき、LCCサイドはこういっていたものだった。

「LCCはレガシーキャリアの乗客を奪うわけではありません。いままで飛行機に乗れず、長距離バスを利用していた人たちが飛行機に乗る時代をつくっているんです」

実際、そんな面はあった。打ち出されるキャンペーン料金は、ときに長距離バスの運賃より安かった。近代的な空港に、竹かごのなかに野菜を入れた農夫が姿を見せるようになってきた。コロナ禍で、ＬＣＣは失速しているが、感染が収まれば、再びそんな時代に戻るのかもしれない。

ではＬＣＣの急成長を目の当たりにする長距離バスは衰退という軌道に乗ってしまったかというと、むしろ逆である。

アジアを歩いてみると、そのあたりがよくわかる。長距離バスはそれなりに便数や路線を増やしている。新しい巨大なバスターミナルがお目見えした都市もある。

バスも進化している。設備のいい高級バスが時速百キロを超えるスピードで高速道路を西へ、東へと走っている。長距離バスの存在感は決して失われてはいない。

世界の人の動きはそれほど激しくなってきたということだろうか。

アジアハイウェイのルートに大きな変化はない。それぞれの国で整備は進んでいる。物流を支えるという役割は、年を追って増しているからだ。

アジアハイウェイを走るバスの世界では、小型化がひとつの流れになってきている。効率がいいのだろう。中型やマイクロバスのような小型バスが、大型長距離バスを補うような形で路線を増やしている。本書でも、ベトナム、タイ、インドで、その種のバスに乗っている。

中型・小型バスの特徴は、停車するバス停が少ないことだ。目的地までノンストップで走るようなタイプもある。乗車する人数が少ないから、特定の目的地にノンストップ便を運行させても採算がとれるのだろう。

タイではこの種のバスをロットゥーと呼ぶ。一時は無認可状態で、ときどきトラブルがあったが、いまは正式に認められ、バスターミナルのなかに、ロットゥー専用の乗り場までできている。タイのなかを移動するとき、僕はまず、このロットゥーを調べる。大型バスに比べれば運賃は若干高いが、短時間で目的地に着き、便数も多い。

しかし大型バスに比べれば車内は狭い。ときにぎゅう詰め状態で走る。本書に登場するバスのような状態になることも珍しくない。しかし速いからつい乗ってしまうのだ。バスの世界は中型・小型化への道を進んでいる気がする。

あるとき、編集者とバスの話をしていた。

「世界のバスはどんどん小型化してます。マイクロバスなのに、夜行で走るタイプもある。これからはマイクロバスの時代かもしれませんね……」

と口にしながら、慌てて言葉を呑み込んだ。編集者の瞳が獲物をみつけたトラのように不気味に動いた気がしたのだ。

「いや、僕はやりません。マイクロバスに乗ってアジア大横断も可能かもしれないけど、きついですよ。この本のバス旅の再現になってしまいます」

と断りながら、墓穴を掘っている自分に気づいた。こういう性格だから、バスでアジア大横断などという旅に出てしまうのだ。本書はそんな反省の一冊でもあるのだが。

出版にあたり、朝日新聞出版の大原智子さんのお世話になった。

二〇二一年三月

下川裕治

5万《まん》4千円《せんえん》でアジア大横断《だいおうだん》　朝日文庫

2021年4月30日　第1刷発行

著　者　下川《しもかわ》裕《ゆう》治《じ》

発行者　三宮博信
発行所　朝日新聞出版
〒104-8011　東京都中央区築地5-3-2
電話　03-5541-8832(編集)
03-5540-7793(販売)
印刷製本　大日本印刷株式会社

Published in Japan by Asahi Shimbun Publications Inc.
定価はカバーに表示してあります

ISBN978-4-02-262044-6